U0961461

文通天下

突　破　认　知　的　边　界

高情商的养育

糖妈 著

文化发展出版社
Cultural Development Press
·北京·

图书在版编目（CIP）数据

高情商的养育 / 糖妈著. — 北京 ：文化发展出版社，2023.6
ISBN 978-7-5142-3992-8

Ⅰ. ①高… Ⅱ. ①糖… Ⅲ. ①情商－家庭教育 Ⅳ. ①G78

中国国家版本馆CIP数据核字(2023)第098665号

高情商的养育

著　　者：糖妈

出 版 人：宋　娜　　　　责任印制：杨　骏
责任编辑：孙豆豆　　　　责任校对：岳智勇
策划编辑：胡　峰　　　　策划助理：何江铭
封面设计：仙境设计
出版发行：文化发展出版社（北京市翠微路2号 邮编：100036）
网　　址：www.wenhuafazhan.com
经　　销：全国新华书店
印　　刷：天津旭非印刷有限公司

开　　本：880mm × 1230mm　1/32
字　　数：155千字
印　　张：8.25
版　　次：2023年6月第1版
印　　次：2023年6月第1次印刷

定　　价：49.80元
I S B N：978-7-5142-3992-8

前　言

最初想要写一些关于孩子情商管理的内容，理由特别简单。在养育两个宝宝的过程中，时常会被一些尴尬的情形所困扰：抢玩具、不打招呼、躲避人群、不爱交流……

孩子上了幼儿园后的情况变得更加复杂。孩子在家的种种习惯和为人处世的方式，在幼儿园统统会在某种程度上被加强，等到小学阶段就会更加麻烦。

看过《哈利·波特》和《奇迹男孩》之类的故事的家长就会了解到，小学阶段的孩子已经会出现一些“小团体”，几个关系好的小朋友常常在一起，同时会有一些同学因为种种原因交不到朋友、被孤立。

我们都很担心自己的孩子被孤立吧？此时谁也不会以为孩子只要学习好就没问题了吧？

回想一下我们上学的时候就能够明白，学习不好的孩子可能被孤立；而学习太好的孩子，也有被孤立的可能。只要没有掌握人际交往的技能，稍微遇到一些特殊的情况，比如外表、家境、特长、身高，甚至口音等，孩子都有可能面临社交挑战。而等到孩子们走入社会，他们面对的挑战可就不仅仅是靠一张文凭或者职业资格证书就能够解决的了。

那么，我们应该如何引导孩子应对这些情况呢？

我们把孩子带到这个世界，除了让他们吃饱穿暖以外，还肩负着教导他们的责任。可是在日益复杂的社会环境中，我们要如何帮助孩子走得更远、走得更稳？这是很多家长都会面临的问题，并且可以确定的是，这个问题已经在社会上引起了一些人的焦虑。

家长为孩子的将来担心，却又不知道如何是好。是否有必要送孩子去提高情商的补习班呢？是否要让他们经历一些挫折训练呢？当他们不肯分享、不会体会别人感受的时候，家长又要怎么办?

伴随着这种焦虑,"情商"一词越来越多地出现在了育儿话题里。一方面,很多家长都被孩子的负面情绪如孤独、霸道、急躁等性格困扰着,另一方面,不断有实验和统计数据证实,高情商与一个人的成就关系十分紧密。

与人沟通交流、协作方面的能力,其实也在情商的范畴。换句话说,情商高的人,的确更容易取得一些成就。

情商可以从学校学来吗?

很多家长都觉得,等孩子上了学,接触的同学多了,这些问题都能够迎刃而解。

实际上,情商的问题,更多依赖后天的培养和引导。情商涉及的很多能力,需要在实际社交环境中随着年龄的增长和认知的提升逐步培养。而这个培养的过程,学校和老师参与得很少,学校是以学科教育为主要内容的。同时,孩子的情商培养往往在学龄前就开始了,所以家庭情商教育逐渐受到家长们的重视。

本书将从发展与教育心理学的理论出发,通过案例给家长们具体的实操方法,一步步带着家长们了解如何拆解情商涵盖的能力,学习如何在家里引导孩子,以及进行一些提升情商的活动。期望可以利用我们熟悉的场景和方法，切实帮助家长们扫除困惑，掌握原理和方法，从而引导孩子获得高情商的人生。

目　录

CONTENTS

第一章
孩子的情商比智商更重要

第二章
正确对待自己，是情商的底层能力

第三章 培养孩子情商的核心能力

第四章 学会自我调节，是情商的终极能力

第五章 情商养育，父母是孩子的第一任老师

第六章 了解情商养育的规律和方法

第一章

孩子的情商比智商更重要

一个人如果不具备情感能力，缺乏自我意识，不能处理悲伤情绪，没有同理心，不知道怎样跟人和谐相处，那么，即使再聪明，也不会有大的发展。

——丹尼尔·戈尔曼

情商不仅仅是情绪管理

每个爸爸妈妈都希望自己的孩子懂礼貌、会说话、讨人喜欢，认为这样的宝宝更容易获得大家的接受和认可，情商也更高。那么，什么是情商呢？情商就是指情绪的管理吗？

其实在发达国家，尤其是“情商”一词的发源地美国，早在几十年前就逐步在国内展开了针对儿童自我管理、儿童情绪自控的情商计划。德国的教育机构也启动了“情感日记”“安静角”等计划。

随着我国对素质教育的重视，情商的培养也越来越受到家长的重视。不过，很多人对于情商的理解就是“情绪的管理”，其实这不免有些断章取义。

1900年，美国的两位心理学家约翰·梅耶和彼得·萨洛维提出，情商（Emotional Quotient）是指情绪商数，主要是指人在情绪、意志、耐受挫折等方面的品质。

1995年，《纽约时报》科学记者丹尼尔·戈尔曼出版了《情商：为什么情商比智商更重要》一书，将情商定义为一种心理素质，一种自我管理、与人沟通交流（即人际关系）以及自我调节的综合能力，如下图所示。此书引起了全球性的研究与讨论，而丹尼尔·戈尔曼也因此被誉为“情商之父”。

由此看来，情商虽然是指情绪商数，内涵却绝不仅仅是情绪的问题。

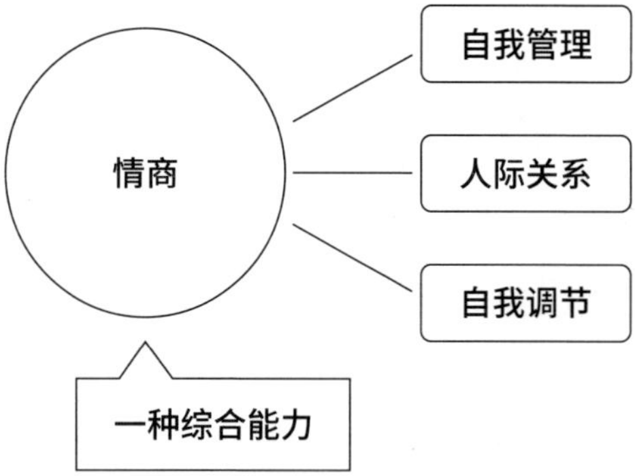

一次语文课上，老师要求进行作文分享，被点到名的学生要到前面分享自己的作文给大家听。同学们会根据自己的感受给分享者提一些意见和建议。

轮到小敏时，有几个同学在她分享结束后提出了一些比较尖锐的意见。小敏一时觉得伤自尊，非常生气，还没等大家说完就在台上把自己的作文撕掉了。

之后她气呼呼地跑回座位，一坐下就哭了起来。老师没想到小敏的反应这么激烈，同学们也觉得有些不知所措，一时间教室里的气氛很尴尬。

小洁目睹了这件事的经过，回家告诉了妈妈。小洁虽然对小敏当时发脾气的行为不赞成，但也不知道怎么处理这样的情况。

妈妈了解了事情的前因后果之后，问道："你觉得当时那几个提意见的同学指出的问题怎么样呢？"

小洁说："我觉得问题说得没错，但就是描述的时候可能语气有点重了。不然小敏也不会发脾气。"

妈妈说："嗯，这是一方面的原因。虽然就事论事是基本的原则，但当着全班同学的面，在表达对别人的意见时还是要注意措辞。小敏还小，又是女孩子，在这方面确实会很难接受。"

小洁又说："嗯，确实会不舒服。不过也不至于撕作文吧？太夸张了。"

妈妈说："小敏平时的脾气急躁吗？"

小洁说："有点。这么说起来，她确实有点急脾气。之前还一气之下摔坏了同桌的铅笔盒。"

妈妈说："嗯，那就是了。她的急脾气也需要自己学着控制。撕东西或者摔东西都是她一下子忍不住的发泄方式。相信她如果学着去控制自己的情绪，用一个比较好的办法去发泄，就不会这样了。至少不会破坏别人的东西，也不会伤害自己。"

小洁听了妈妈的话，对于这件事也有了自己的理解。小敏并不是坏孩子，有情绪也不是坏事。我们在给别人提意见的时候要考虑对方的感受，注意措辞，就事论事。

别人的情绪有其自身的原因，并不一定都会按照我们的想法去表达和释放。但是需要注意不能伤害到别人，也不能伤害自己，而要用更合理的途径去处理情绪。

情商是一种综合能力，对于孩子情商的培养，也应该从多方面入手，全方位地帮助孩子拥有提高情商所需的能力，而不是只着眼于情绪的处理。

当然，在情商所涵盖的内容中，情绪管理也占据了相当重要的位置。所以，我们需要考虑的是，在提升情绪管理能力的基础上，进一步提高自信、自律、责任感、抗挫折等一系列能力。

出现的问题	背后的原因
情绪常常失控	认知和自我管控的局限性；缺乏引导
没有充分考虑对方的感受	缺乏同理心；缺乏对他人情绪的识别能力
无法面对批评	缺乏抗挫折能力；缺乏自我调节能力；缺乏正确的自我认知

对于孩子的情商培养，家长们至少要考虑下面三方面的内容。

1.帮助孩子正确看待自己

对于幼儿来说，他们尚未有能力建立自我价值观，所以一切关于自我的概念都需要通过借助别人的评价形成。这个过程有点像照镜子，自己长什么模样，自己是看不到的，除非站在镜子前面才能看到。而家长就是孩子们照自己的那面“镜子”。多与孩子进行沟通，及时化解孩子这方面的困惑，就有助于孩子情商的培养。

2.引导孩子正确对待他人

我们都生活在一个社会大环境中，没有人是单独存在的个体。在社会团体中，如何发挥作用、如何处理彼此之间的关系，则是情商的重要组成部分。不论是学校、职场还是家庭，都需要我们掌握协调各种关系的技能，也就是我们平时所说的社交能力。

要想正确地对待他人，就要学着去理解别人的感受，建立同理心。同时，还需要判断他人的情绪，给予相应的反应和处理。

当孩子可以慢慢判断出别人的情绪，逐渐培养出同理心时，他们在社交环境中就可以设身处地地替别人考虑。这样的孩子更加善于处理自己和别人的关系，自然也更加容易获得大家的支持和喜欢。

3.培养孩子学会自我调节

一个善于自我调节和自我管理的孩子，其情商往往都是很高的。而缺乏自我调节能力的孩子，不仅抗压能力差，不能正确看待挫折，而且不善于处理自己的情绪问题。

伤心、失望、愤怒、沮丧……这些情绪都是孩子成长过程中的“养分”。每经历一次，都是一次成长的机会。除了有同理心、明白别人的感受，还需要进行自我情绪管理、自我激励，用过往的成功经验给自己打气。而这部分内容，都需要用到自我调节能力。

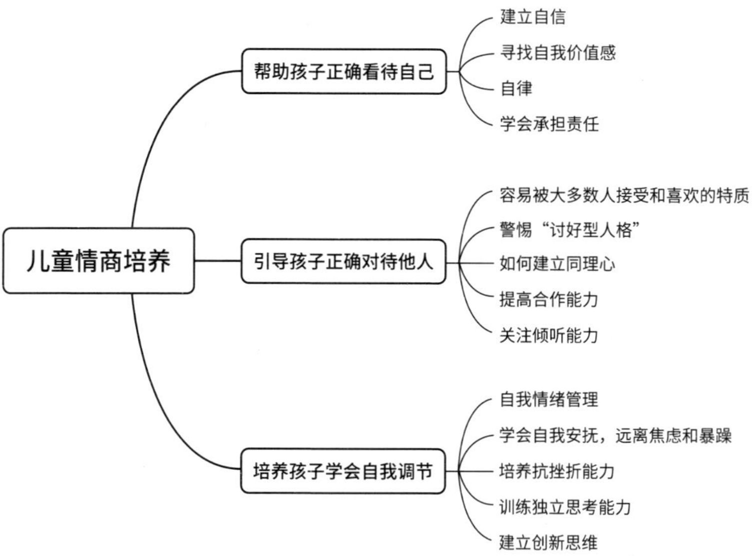

总结

情商不仅仅是情绪管理这一个方面，它考察一个人能否正确看待自己，能否正确处理与他人的关系，以及能否自我调节这三方面。

培养孩子的情商，构建性格的底色

俗话说：“性格决定命运。”有人性子急，有人性子慢；有人风风火火，也有人不紧不慢。虽说性格并没有好坏之分，可每个人的性格却都将影响他处理事情的行为模式。而不同的行为模式，也将导致不同的结果。

在当今社会，大家普遍面临着工作和生活等多方面的压力，由此带来的对心理健康能力、心理调节能力的要求，也越来越高了。

具有积极向上、乐观开朗的性格，是适应社会的先决条件。而这样的性格显然不是一两天就能够形成的，需要从儿童时期慢慢引导。

日常生活中，孩子们会在与不同的人、事、物接触的时候，模仿父母的处理方式，形成相对固定的态度。这些特定的态度就会慢慢地内化成一种模式，逐渐形成孩子独特的性格特征。

我们对那些满足自己需要的人、事、物，自然而然就会产生积极的态度，进而采取接近的行为。而积极肯定的情绪体验，能够加强孩子的认知，唤起孩子的智力潜能，从而提高学习兴趣。

不得不说，有自信、乐于与人亲近、能够明白别人的感受、能够与人合作、总是保持乐观积极的态度——这样的孩子确实在学业、事业等各方面都有着比较好的表现。

大卫是一个美国的小男孩，出生在一个贫穷的移民家庭。他从小性格比较内向，平时也不爱说话。考试成绩总是非常不理想，倒数第一更是常有的事。

老师提问他，他总是回答“不知道”。同学们也经常嘲笑他、排斥他，不愿意跟他一起玩。

大卫也曾经努力学习过，但成绩总没有什么起色。他的父母慢慢也不再对他寄予希望。

有一天，他看到有一个老人在路边哭泣，于是走过去蹲下问老人：“爷爷，你为什么要哭呢？发生了什么事吗？”

老人拿出一张烂了的钞票给大卫看，悲伤地说：“一只该死的老鼠，咬坏了我唯一的一美元钞票啊！”

大卫听了以后立刻跑回了家，从自己的存钱罐里拿出了一些零钱，找了一家便利店，把零钱换成了一美元的纸钞，去找那个老人，并把钱交给了他，然后说："这张一美元是我用魔法变出来的哦！"

大卫的父亲知道之后，被孩子的善良感动了。他觉得孩子笨点也没关系，关键是他拥有一个乐观善良的灵魂。

父亲还对大卫说："成功就像一个固定的车站，如果我们无法抢到汽车上的座位到达车站，不妨通过骑马、乘船、跑步到达。"

大卫听了父亲的话，受到了启发和鼓励，他一心一意学习魔术，希望能为大家带来快乐和幸福。后来他成为世界上首屈一指的魔术大师，他就是大卫·科波菲尔。

丹尼尔·戈尔曼曾说："决定一个人成功，非智力因素占据了更大的比重。"非智力因素就是除去智商以外的一切影响因素。

非智力因素之所以重要，就是因为它决定了孩子能否更好地利用环境和教育条件，来开发自己的智力，以调节日常活动，符合社会发展的需要。所以说，非智力因素的发展是孩子智力开发的保证。

而在孩子众多的非智力因素中，情绪的影响又占了很大比例，这正是由于孩子认知发展的局限性和大脑飞速发展的可塑性交叉影响造成的。

情绪处理可以影响到人际关系的好坏。同时，情绪处理能力增强以后，孩子的自信心和抗挫折能力等其他复合能力都会同步增强。

良好的情绪调节能力，将会帮助孩子形成良好的情绪特征，进而慢慢发展出乐观、开朗、坚韧等性格特点。所以性格的形成其实取决于情商的培养，而情商高的孩子，显然更易具有积极的性格特征。

积极的性格特征对孩子的发展有着良性的影响，这是因为以下三个方面。

首先，积极的性格特征是孩子跟别人友好交往的前提。

在一个社会群体中，情绪开朗、热情主动的孩子成为领袖的可能性更高，更加受欢迎。

其次，积极的性格特征会对智力发展产生促进作用。

在乐观情绪的影响下，孩子更容易战胜困难，完成挑战，认知系统会更加通畅。

最后，积极的性格特征将会帮助孩子形成健全的人格特征。

当我们对一些人、事、物产生消极、否定的情绪体验时，会采取回避、对抗、疏远等行为。这些消极的情绪体验在长期作用之下将会影响孩子的性格特征，而性格特征综合起来便会形成一个人的人格。

良好的性格特征、情绪特征是一个人具有更好的人格特征的基础。而人格的健全是我们情商培养的终极目的，如下图所示。

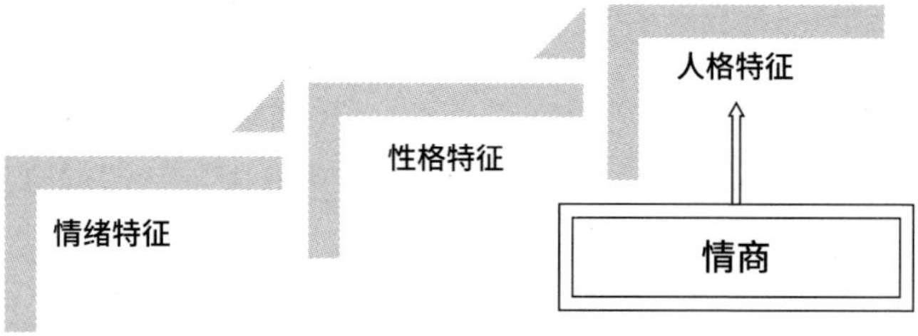

一个人的情绪特征就好像一个房屋的地基，地基的好坏，决定了将来在上面搭建的房屋是不是牢固，会不会倾斜，能不能盖得又高又稳。

房子盖得又高又稳，意味着孩子的人格健全。但人格健全可不是我们想象中的那么简单。

健全的人格意味着我们必须拥有下面所说的三种能力。

一是做好“自己的事”的能力。这要求我们可以首先判断什么样的事情是“自己的事”。真正属于自己的事情，不仅不能推给别人，还需要自己有完成这件事的能力。

二是完善的社交能力。在社会生活中，我们每个人都处在不同的社会关系里，也都扮演着不同的社会角色。完善的社交能力要求我们可以在复杂的关系中达到动态平衡，而不会顾此失彼。

三是较强的内心调节能力。这要求我们在情绪爆发前有能力思考：现在让我特别生气的事情，究竟是眼前发生的独立的事件，还是过去的伤痕又被揭开了？

此外，我们还要有用语言客观表达自己情绪和感受的能力。

人格具有稳定性的特点，一旦形成，在很长的时间内是可以基本保持稳定的。心理学研究表明，一个人的人格形成是从幼年开始的。0～6岁的孩子的大脑极具可塑性，在这个时期孩子形成的意识和习惯，会在之后类似的情景处理中获得优先权，形成一种“自动化”的处理模式。

这就是为什么要帮助孩子培养性格底色、形成健康人格的原因。

想要培养孩子积极的性格特征，给孩子的性格涂上一层阳光底色，家长需要做的有以下3点。

1. 引导孩子从多种角度来观察和看待问题

这个世界并不是非黑即白，同是半杯水，乐观的人和悲观的人的看法截然不同。可正因如此，世界才会变得多元化。积极乐观并不是盲目认同，而是能够更加包容对方的不同。

2. 善于捕捉孩子性格中的闪光点，并予以肯定

大卫的父亲如果没有发现孩子的善良、积极和乐观，那么世界上很可能没有这位伟大的魔术师了。有时候，孩子的一些特征会令家长感到沮丧，这在养育过程中很正常。可能是由于孩子有些情绪问题，也可能是由于孩子的某些能力需要提高。

面对这样的情况，家长不能够以偏概全，就此放弃对孩子的

培养，认定他是个“没有出息的人”，那样才是一种短见。

3. 谨记“办法总比困难多”

不论是成长过程还是社会活动，一定有很多困难等着我们的孩子去克服。在这个时候，记得跟孩子说一句：“办法总比困难多！”我们对待困难的态度，会深深地影响孩子。

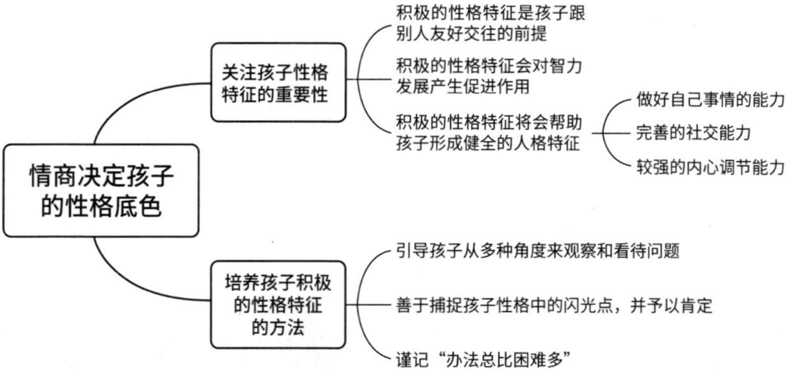

总结

积极的情绪特征，将给孩子的人格带来正面影响。培养孩子健全的人格，也是我们情商训练的终极目的，而人格的形成是在幼年时期，所以儿童的情商训练格外重要。

第二章

正确对待自己，是情商的底层能力

我比我自己所想象的还要巨大、美好，我从没想到我会有这么多的美好品质。

——惠特曼

每个孩子都是独一无二的

孩子并不是生来就知道自己是谁，在刚出生的那段时间，他们会以为自己跟爸爸妈妈是一体的。直到某一天，他们发现自己原来可以控制小手、小脚，这真是很新奇的事情呀！

他们渐渐地能够意识到，自己的身体、思想与爸爸妈妈或者其他人不同。并且，能够越来越自如地控制自己的身体去完成自己的想法，比如拿球、扔东西、握着妈妈的手指等。

到孩子两三岁时，他们可以开始用“我”来表达自己的看法，也能够把自己和别人进行简单的比较。但这时候，他们仍然不能够了解自己到底是谁，自己有何不同。所以，他们需要借助别人的评价来进一步确认自己是什么样的人。

这个过程叫作“镜映效应”，而身边充当“镜子”的人，心理学上叫作“重要他人”。一般来说，生活中充当“重要他人”

这个角色的人，不外乎孩子的抚养者，还有孩子的老师、朋友。周围人的评价，就是孩子用来看见自己的“镜子”。

李悦是个乖巧懂事的小女孩，她读到四年级之后，数学成绩下滑得很厉害。老师在一次沟通中跟她的父母谈了这个情况。

回家之后，爸爸说：“小悦啊，你可能遗传了我的基因，我数学就不好，估计你也没有天赋。既然没有那个基因，也就别费劲了，差不多就行了。”

李悦听了爸爸的话，虽然觉得不甘心，可一想到这是家族遗传，慢慢地也就放弃了。结果数学成绩越来越差。

后来到了高中，李悦遇到了一位非常好的老师。这位老师发现李悦别的科目都挺好，她一遇到数学就变得没有自信。

于是，老师跟李悦聊了聊，在得知她说自己数学不好是因为“家族遗传”后，顿时明白了问题所在。

老师告诉她，压根就没有什么家族遗传这回事，而且帮助她制订了详细的数学学习计划，并不断鼓励她。

李悦在开始的时候半信半疑，但是碍于他是自己的老师，所以也就跟着老师的计划学习了。

很快，她的数学成绩有了很大的进步。于是，李悦更加确定这件事跟遗传没有关系，一下就有了自信。

后来在高考中，李悦的数学取得了120分的成绩。

孩子的整个成长过程都贯穿着对自我认知的不断探索。在孩子的生命早期，镜映效应占主导地位。

家长或者老师的一句评价、家长对孩子付出的时间和精力，都会影响他对自我价值的构建，而这个过程可能对孩子有着非常深远的影响。

这个时候，家长应格外注意帮助孩子建立自信，而不是为了所谓的“训练孩子”拼命打击他们。

那么，家长要具体做些什么才可以帮助孩子建立自信呢？可以采用下面的3种方法。

1.给孩子正面、积极的评价

根据皮格马利翁效应，孩子感受到积极的关注往往可以激发他们强大的潜力。

皮格马利翁效应又叫罗森塔尔效应，是美国心理学家罗森塔尔和雅克布森在智力测验中发现的。这是教师对学生心理潜移默化的影响使学生取得教师原来所期望的进步的现象。

他们在奥克学校先对小学1～6年级的学生进行了一次名为

“预测未来发展”的测验（实为智力测验）。

然后，在这些班级中随机抽取约20%的学生，并使得老师认为“这些儿童的能力今后会得到发展”。于是，老师便产生了对这一发展可能性的期望。

8个月后，他们又进行了第二次智力测验。结果是被期望的学生，特别是一、二年级被期望的学生，比其他学生在智商上有了明显的提高。

而这些孩子，除了老师对他们的期望不同之外，受教育的环境没有差别。

这一结果表明，老师的期望会传递给被期望的学生，并产生鼓励效应，而孩子会接收到这种鼓励，朝着老师期望的方向变化。

之前我们提到过“重要他人”的概念。除了老师外，家长无疑也是对孩子影响巨大的“重要他人”。随着年龄增长，同学、朋友都会成为孩子的“重要他人”。

我们的期待、鼓励时时刻刻影响着孩子的发展方向，所以一个积极、正面的评价对孩子来说意义非凡。

2. 赞美孩子的内在

当孩子听到别人对他们外在的赞美时，并不会产生什么动力，因为外在对于孩子来说，是很难改变的。这也是近年来不少教育界人士都在呼吁不要总是表扬孩子聪明的原因。

聪明更倾向于是一种先天属性。总是被夸“聪明”的孩子，将失去挑战的勇气和动力。因为一旦失败，他们将会被认为是“不聪明”的人。而这样的评价是他们很难接受的。

可是，当我们赞美他们的内在，如赞美他们的努力、善良，这会让他们产生动力，更加愿意尝试新的挑战并战胜困难。

3. 尝试说“我喜欢自己”

首先，家长要认可自己，承认“人无完人”。偶尔的失误与瑕疵并不会使我们作为独特个体的光辉暗淡。自我反省有助于进步，但全盘的自我否定将产生长久的消极影响。

其次，家长还需要帮助孩子认可他自己。孩子在小的时候，各方面的能力常常存在不足，失败的体验可谓“家常便饭”。不论是翻身、坐起，还是走路、蹦跳，都要尝试几十次甚至上百次才能成功。

到了两三岁时，孩子可以接触的玩具和活动都在增加，遇到的困难和失败也成倍出现。这使得孩子常常陷入自我怀疑和自我否定。

“我肯定弄不好这个了。”

“我是不是太笨了？”

这样的想法会一股脑地涌上来，困扰着他们。

如果孩子常常进行“我喜欢自己”的练习，则他们可以很快走出阴霾，继续迎接挑战。

我们要如何判断自己的孩子是否有足够的自信呢?

对应下表，通过孩子的种种表现，就可以大致判断出孩子的自信水平。

自信心强的孩子的特点	缺乏自信的孩子的特点
较高的独立性	不愿意尝试新东西
愿意承担相应的责任	感受不到被喜欢
对自我成就感到骄傲	会把自己的过失怪罪到其他人头上
能够忍受挫败	冷漠/假装冷漠
愿意尝试新挑战	不能够承受正常水平的挫败
积极处理消极情绪	很容易受到他人的影响
愿意帮助他人	贬低自己的天赋、能力、价值和定位

为了帮助孩子增加对自己的认识并树立自信，家长一定要注意以下几个方面。

第一，孩子开始说“不”其实代表孩子已经产生了自我意识，我们要予以保护。一个不会说“不”的孩子，其心理能量往往是比较低的。

第二，孩子通过周围人的反应确定自己的价值。当得到的反馈信息不明确时，他便会一直寻求获得外界对他价值的肯定。

第三，孩子是通过尝试和一次次的努力，最终获得成功经验来构建自信的。我们可以说："孩子，你是独一无二的，你有你的优势。"在帮助孩子树立自信的同时，也保护了他们的自尊心。

第四，当孩子遭遇"比较"时，我们也可以用"独一无二"这个词来打消孩子的顾虑和自我怀疑。

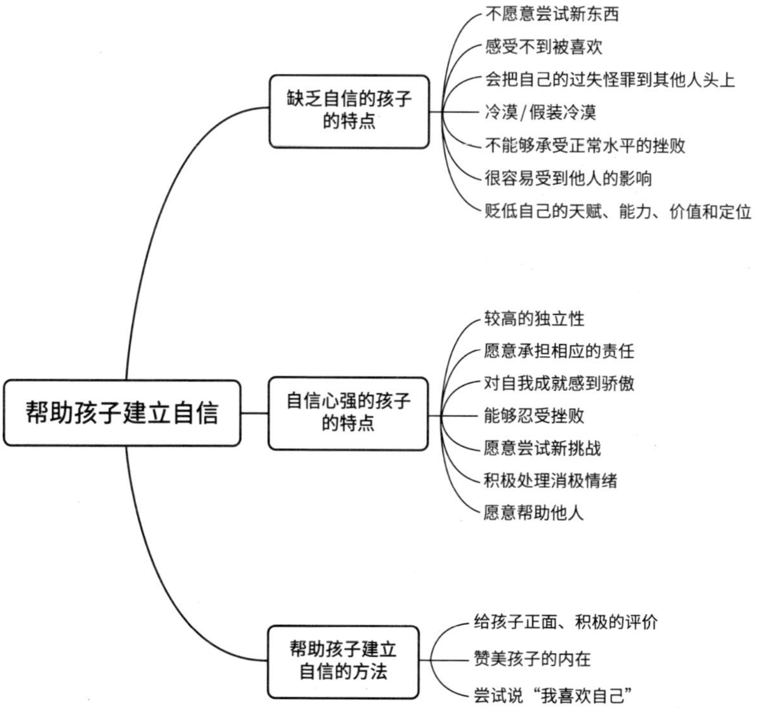

总结

一个人是否可以正确地看待自己，其实是情商的首要问题。我们如何评价自己在很大程度上影响着我们的行为、态度、动机和自我调整的能力。所谓“天生我材必有用”，每个人都有自己独特的价值和特点。孩子正确看待自己，树立自信，才能够活出自己的精彩，不会成为“活在别人眼中”的那个人。

从小培养契约精神

很多家长都会抱怨：孩子自律性非常差，做作业时，家长不陪不写；生活中，家长不催不动；看电视、玩手机时，家长一收就闹。总之，大事小事，事事操心。

关于培养孩子的自律习惯，科学家将3～6岁称为“潮湿的水泥期”，意思是说孩子的性格、习惯和生活方式有85%的部分在这一时期形成；将7～12岁称为“正凝固的水泥期”，在这一时期，孩子85%～90%的性格特征、志向理想、生活方式等已形成。

有家长说：“要一个孩子自律谈何容易？”

确实，不要说孩子，就连成人每天喊着减肥、戒烟，想着练英语，不断提升自己，年初就定下各种目标，可一年下来，坚持下来的又有几个呢？

事实上，在孩子的性格、习惯尚未形成时，父母如果做出一些努力，掌握一些方法，那么孩子养成良好的自律习惯就会比成人更容易。

在帮助孩子形成自律习惯的时候，很多家长喜欢跟孩子订立一个“契约”。到时候如果孩子不遵守规定，家长很可能就会说孩子“说得出却做不到”，没有“契约精神”。

小伟是个6岁的男孩，自从假期开始，妈妈就发现他喜欢上了手机游戏。开始的时候，妈妈觉得既然是假期，小伟偶尔放松下也是可以的，所以并未严格限制他玩游戏。可随着日子过去，小伟玩游戏的时间越来越长。

妈妈一开始的时候说他几句，他还会听话地放下，慢慢地，越来越抗拒，最后甚至说了几次都不听。妈妈很生气，想要抢下手机不让他玩，小伟就大声哭闹，还会扔东西。

后来妈妈想了个办法，跟小伟规定，每天可以玩半个小时，时间一到立刻收走手机。小伟没吭声，看上去似乎没有抗拒，妈妈就以为这个事情已经商议成功了。

结果一到时间，妈妈去催促小伟，告诉他如果不停止就会没收手机。小伟却一下子发了脾气，说妈妈太烦了。

妈妈一听很生气地说：“你怎么这么小就不守信用

呢？明明跟你说好的，就玩半个小时。你说话不算话，长大可怎么办？”

可小伟一听，争辩道：“那是您说的，我可没答应。”

妈妈又气又急，却又无可奈何。

所谓契约精神，重在双方平等自愿。我们在跟孩子订立契约的时候，往往是为了约束他们的行为而利用家长的权威代替孩子做了决定。在这种情况下，契约的建立过程既不平等，也不自愿，那结果当然也不会如当初约定的一般。

孩子在幼年的时候，的确会经历一个从他律到自律的过渡。自律也并非要压抑孩子的本性，不论是“爱玩”还是“好奇”，都不过是小朋友的天性。自律是一种自我管理，反而有利于认识并且释放真正的自我。

懂得遵守诺言的孩子，往往在自律方面做得更好，更容易形成良好的自我管理能力。让孩子养成遵守诺言的品格，不仅对他们自律习惯的养成有帮助，还对他们将来在社会上的生活影响深远。

很多孩子在跟父母做约定时往往处于比较被动的地位，所以在执行的时候能拖则拖。丧失了主观上的能动性，制订的计划也往往容易被各种突发事件打断。

在这种时候，爸爸妈妈们往往就不淡定了，甚至有时候直接给孩子贴上“爱偷懒”“不努力”的标签。其实，未必是孩子自己不知道着急、不知道这个事情的重要性，而可能只是孩子的自制力和自律能力不够，良好的执行习惯没有养成。

我们作为孩子的父母，与其指责、批评他，跟他生气，不如试着理解、帮助他，伸出手去拉一把。

孩子也许表现出来的是我们大人所说的懒惰、不上进、不努力，但背后往往都有一些内在的我们不容易察觉到的原因。

1. 粗暴地委派任务，孩子会产生抵触情绪

就像上面的例子，妈妈以为孩子同意了，可事实上孩子并没有，只不过孩子出于对家长权威的恐惧进行了让步，显得好像是达成了一致。

孩子没有参与制订计划的过程；到了约定的时间，孩子也没有提出想法。在这种情况下，孩子感受到自己是被威胁、被强迫、被控制着做这些事情的，自然就不愿意去遵守约定。

2. 孩子害怕成功之后，会有更多的任务和要求等着他

一件事情持续久了，无论是大人还是孩子，都会产生一种倦怠的情绪。而孩子在父母的压力下，做完这个还要做那个，无穷无尽的任务总是看不到头。孩子慢慢地就会对自己放松要求，不

再自律也在情理之中。

3. 孩子的注意力被分散掉，没有一个适合坚持的环境

自律的要素之一就是专注力，一个孩子如果做事情时经常被打断，他就很容易被各种事情吸引，到最后该做的事情反而都没有做好。

这种情况在很多家庭都普遍存在。比如，孩子在玩一个玩具，家长时不时就问孩子，“要不要喝点水”“要不要上厕所”，或者干脆就觉得孩子可爱，叫他几声。这样的行为，都会导致孩子的注意力被分散。孩子在幼儿期是这样，那在儿童期就很可能会表现为注意力不集中。

4. 孩子对成功的信心不足，害怕失败，有畏难情绪

这里面包含几种情况：有些是目标定得太宽泛，比如学好英语、认真听课这些，孩子不知道具体该怎么去执行；还有些是孩子不愿意脱离自己内心的舒适区，惧怕新环境和改变。

孩子会担心自己做了也做不好，为了避免最后的失败，所以选择逃避。这样即使真的失败了，还有一个心理安慰：“我挺聪明的，就是没好好做，我要是好好做了，一定能……”

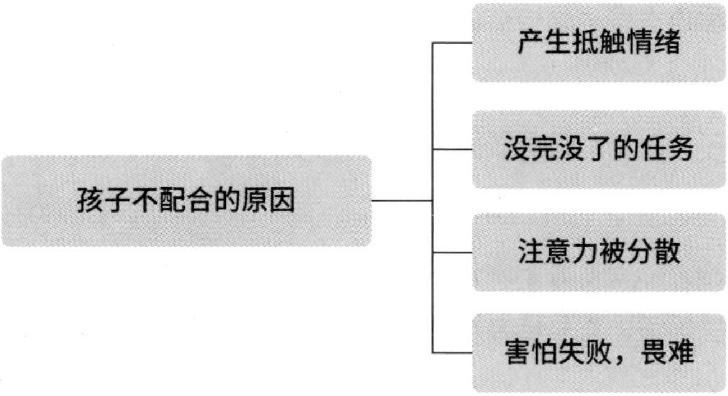

了解了孩子真实的心理需求，我们就更加容易对症下药。可以尝试使用以下的4个小窍门，来帮助孩子逐步培养自律能力。

1.帮孩子发现真正感兴趣的事，轻松体会自律

兴趣会使一个人愿意制订计划，愿意坚定执行，因为这会让他离自己热爱的未来越来越近。而兴趣也会帮助孩子领会拒绝的好处。

我们每个人的时间和精力都是有限的，如何让资源产生最高的效益看似是资源配置的问题，实则是注意力投入的问题。在感兴趣的事情上，孩子更容易形成自律，更容易专注，也更容易学会建立一个计划并坚定执行。

所以，从兴趣入手会比强制他们去做一些内心抵触、没有热情的事更加容易让其学会自律。

2. 制定和执行合理的家庭规则，协助进行他律

孩子是不会自己产生诸如“我只能看一会儿电视”或“糖果我只能吃一颗”的想法的。在3岁之前，孩子更多地需要家长协助来规范行为，比如零食只能吃多少、一次只能买几个玩具……

这就是他律的过程。

在规则执行的时候，家长需要保持“温柔而坚定”的态度。严格执行并不意味着粗暴蛮横。

很多家长喜欢用大声喊或者瞪眼、说狠话等方式来吓住孩子，其实这样大可不必。只要温和地坚持规则，孩子就算有情绪发出来，也会对家庭规则有所体悟。

另外需要注意的一点是，随着孩子长大，孩子需要充分参与制定规则。不论是对时间的感知，还是对事情的安排，都需要孩子充分表达自己的想法，这个过程也是在锻炼他们的思维和能力。

3. 给孩子足够的尊重

一个人的自律性来自他的自尊水平。自尊水平越高，自律性越强。相反，自尊水平越低，自律性越差。

如果真的为孩子考虑，就需要做到不当众批评孩子，不拿别的孩子与之比较，不打骂孩子，不强迫孩子做他不愿做的事，给

孩子表达观点的自由，耐心听取他的意见。

家长真心呵护孩子的自尊，能更加容易地培养他们自律的品格。

4. 发挥家长的榜样力量

孩子自律的根源在于父母。三等父母用拳头管孩子，二等父母用嘴巴管孩子，一等父母用行为管孩子。

父母懂得自律、自制和自尊，使生活井然有序，孩子就会心领神会，并奉之为最高准则，最终通过模仿和学习，成为和父母一样的人。

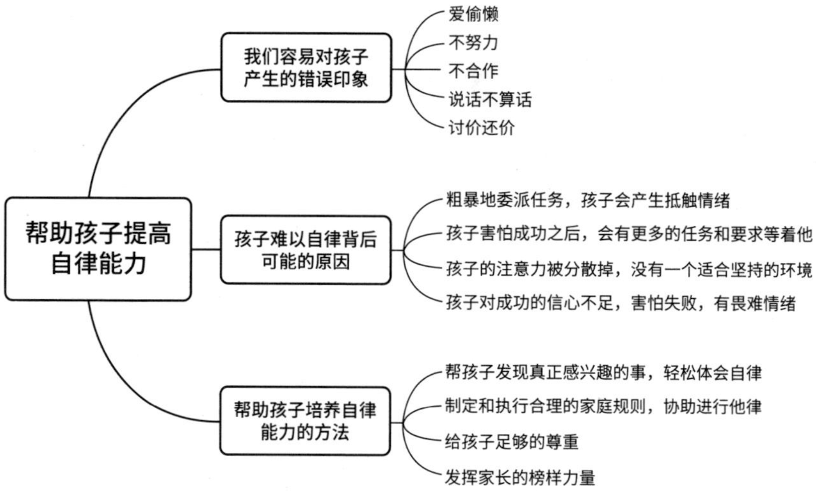

总结

我们希望孩子有自由，就一定要让孩子拥有自律的能力。我们希望孩子自律，就一定要从生活中做起，切实地帮助到他们。一旦孩子在父母的培养下拥有了自律的能力，他就能掌握自己度过每一天、每一年、每一个人生阶段的方式，那将会是父母送给孩子的非常宝贵的财富。

给孩子定规矩，不可一蹴而就

家长们常常遇到这样的困难：想要给孩子定规矩，孩子要么不听，要么哭闹反抗。更有甚者，会在公众场合爆发一场“混战”，这会让家长觉得脸上无光，又无可奈何。

在孩子的他律阶段，给孩子定规矩是必不可少的过程。一来可以帮助他们规范行为，有了界限，才有自由和安全感；二来可以帮助他们成为更好的人，使他们更加适应社会对人际交往能力的要求。

那么，在给孩子定规矩的过程中，为什么孩子多半不配合呢？也许不少人觉得，孩子就是故意的。实际上，这定规矩的过程可是有“技术含量”的。

有调查显示，有不少妈妈都在同一个问题上纠结：“敏感期”

与“定规矩”的冲突。

孩子们会在1.5～3岁经历一段关于秩序的敏感期，就是这一时期让家长们最崩溃。

稍微不按照孩子的意思来，他们就会大哭大闹。如果不清楚这背后的缘由，父母们多半会觉得孩子就是无理取闹。

甚至有位妈妈曾经发出过这样的疑问：“什么都要按他们的要求来，难道不用给孩子们定规矩吗？这样持续下去，长大了会无法无天的！”

> 小凡3岁了。从他2岁开始，妈妈就发现他有时候会莫名其妙地发脾气，稍不如意就会大哭大闹，一哭起来半天都哄不好。必须按照他的意思来，不然他就一直哭。
>
> 妈妈很苦恼，怕孩子哭哑了、哭坏了，又怕太惯着孩子导致溺爱。
>
> 一次，妈妈递给小凡一盒酸奶，由于酸奶盒挤压得有点变形了，妈妈就想倒出来给小凡喝。没想到小凡立刻大声哭闹不止，还一直哭着说：“不对！不对！”
>
> 妈妈一开始觉得莫名其妙，明明一直以来小凡都喝这个牌子的酸奶，不过就是换了喝奶的方式，这也不是“不对”啊。

看着小凡大哭的样子，妈妈越来越觉得他在无理取闹，慢慢地失去了耐心，开始严厉地教育小凡：“小孩子乱闹腾什么？就一盒酸奶，怎么喝不是喝！给你倒了你就不喝，怎么这么不听话！”

小凡听了之后不仅没有停止哭闹，反而喊得更大声了，一直嚷嚷着：“不对！这样喝不对！”

妈妈气得够呛，可说小凡他又不听。听着孩子的申辩，妈妈突然想起，也许是小凡的秩序敏感期让他觉得倒出来的酸奶不符合之前的规律，所以他有种不安全感，却又说不出所以然。

想到这里，妈妈有些恍然大悟，尝试着拿出了吸管，结果小凡立刻不哭了。可妈妈却发愁了，这难道不是惯着他吗？难不成一直这么下去吗？

等孩子大了，会不会再定规矩就更难了？都说立规矩要趁早，孩子越大越难管，真不知道怎么办才好。

那么针对这样的情况，我们究竟该如何处理呢？

其实，案例中小凡妈妈的困惑很多家长都曾遇到过。毫无疑问，给孩子的规矩是要定的，古语有云：“不以规矩，不能成方圆。”在教育孩子的过程中，除了传授知识，还应该告诉他们做人的道理。这个道理就是规矩。

定规矩看似是给孩子提出一些要求而已，实际上却是个技术活。在定规矩的时候，我们至少要思考下面3个问题。

第一，规矩是不是必须现在定。这个问题就是针对上面所提到的敏感期提出的。众所周知，敏感期一般在0～6岁这个阶段会出现，并且每一种敏感特质并不会一直持续。

当我们通过观察，发现孩子可能正在经历秩序敏感期，那么定规矩时就应着重规范孩子的其他方面，而不要跟他的内在需要较劲。

比如在上面的例子中，孩子一定要用吸管喝酸奶，并且用那种长长的吸管，那么他在经历敏感期的时候，我们就尽量满足他这一方面的需要，避免出现一些不必要的挑战和矛盾。

第二，规矩是不是真的要这样定。如果一个问题是可规范可不规范，可要求也可不要求，那么我们就要慎重考虑是否有必要这样要求孩子。因为如果有时候要求，有时候又觉得好像没必要就放松了，那么孩子会很困惑，不知道到底如何是好。

曾经就有这样一位家长。困扰她的是孩子看电视的问题。跟孩子说好了看15分钟就关电视，但是她心里又觉得其实看20分钟也没问题，所以每次孩子一哭闹她就退缩了，总是一而再，再而三地妥协。

这样的情况就是定规矩的边界不太明晰所致。

如果内心确定孩子最多看20分钟，在15分钟的时候就要提醒孩子，给他一个缓冲。但是，一旦达到20分钟，就需要坚持履行关掉电视的约定了。

相信很多孩子都有看电视时间过长、沉迷电子产品的问题，家长其实只要温和地坚持规定，孩子虽然会哭闹，内心却也知道家长不会动摇了。

第三，规矩是不是全家都同意这样定。相信很多隔代养育的家庭经常面临这样的问题：父母对孩子的要求，跟老一辈的并不相同。有些家庭，甚至夫妻两个人的要求也不同。这种时候大家最好协调一致，不然很容易产生矛盾。就好像过十字路口的时候，一会儿红灯停，一会儿又变成绿灯停……光想想就觉得很可怕了。

所以，并非不能给孩子定规矩，而是需要考虑上面提到的种种问题，不能盲目，也不能心急。孩子不可能前一天还是孩子，第二天就长大了。他们的成长和培养都需要过程，这个过程需要爸爸妈妈十足的耐心。

明确了以上几个问题，我们再来看看规矩究竟如何定？

1.先倾听孩子

我们可以请孩子说出、表达出自己的感受和需要。

孩子想要什么东西的时候，很多家长有种错误的观念：孩子不能要这个，想要那个是不对的。比如说，孩子不能想看电视太长时间，不能想买那么多玩具。

其实，欲望这东西很难抗拒，对成人来说都是这样，更别说孩子了。所以，孩子产生想要做什么、玩什么、吃什么的欲望，是很正常的。只不过我们碍于一些传统和社会准则，或出于健康考虑，不允许他们这么做而已。但是欲望或者愿望，本身是没有错的。

所以，这时候我们需要先听孩子表达他们的想法。

2. 明确说“不”

首先，清晰地表达限制。很多家长这时的操作很不好。他们会用很多引导语言试图说服孩子放弃他们的欲望。刚才我们已经说过，欲望本身并没有问题，所以想让孩子们放弃也是徒劳的。因此，这一步我们需要的就是明确而温柔地告诉他们“不可以”。

然后，提供替代选择。并不是每一次都必须提供替代选择，但是显然如果能提供，效果会更好。

3. 再次倾听孩子

这时孩子们会有很多压抑的情绪要爆发出来，那么我们可以等待他们进行情绪释放，拥抱、接纳他们的情绪。

同时，在这个过程中，我们也许会产生负面的情绪，所以需要一个调整的时间。倾听孩子情绪时，我们也可以练习控制自己的情绪。

4.找机会通过游戏释放情绪

这一步并不是必须做的，但是如果上一步我们受制于当时的情形，没有办法让孩子完全释放情绪，那么可以在时间、环境允许的时候，跟孩子通过游戏释放情绪。

下图便是给孩子制定规矩的完整流程。

也许有人说这样也太麻烦了。没错，起初你可能会觉得很麻烦，其实真正使用的时候，在心里对这个步骤稍微有点印象即可，剩下的可以在处理结束之后，再进行回顾和复盘。

这个方法只要用几次就会变成自己的东西，之后你会自然而然地用它。重要的是，经过几轮这样的尝试，孩子也会了解你的原则、底线是什么，当真正发生冲突的时候，他们也不会再大哭大闹、纠缠不休，这样不是很好吗？

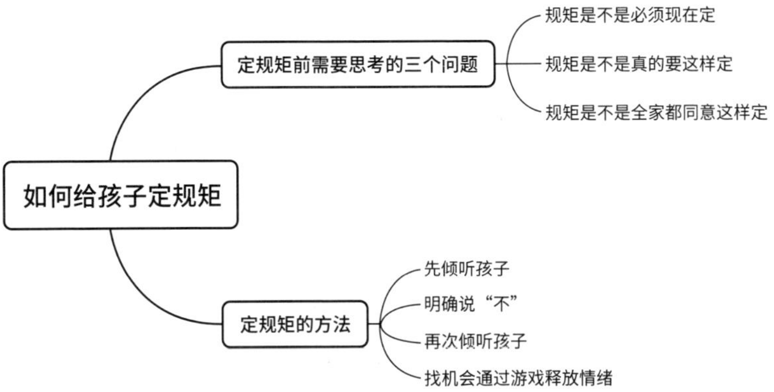

总结

没有人天生就会守规矩。孩子在小的时候确实需要通过大人的帮助规范他们的行为。但需要注意的是在这个过程中的一些隐含条件和我们跟孩子们沟通的方式和方法。帮助孩子逐渐从他律过渡到自律是一个漫长的过程，家长朋友们需要有点耐心，温柔而坚定地执行。

给予孩子一定的掌控感

一个家长说，她两岁多的女儿开始叛逆了，不论说什么都对着干。要是不听她的，她就会扔东西，甚至故意尿床来“显示自己的厉害”。

这一幕恐怕很多家庭都似曾相识吧？

经过分析，原因就在于这个妈妈平时对孩子的控制太严格了。不论孩子是吃饭还是穿衣、外出还是在家，就连玩什么玩具都要按照家长的意见做。而孩子的爸爸又总是采用打骂的教育方式。在这种情况下，孩子的种种行为也就在意料之中了。

那么，对孩子的控制太多、太严，会有什么样的影响呢？在这里，我们就要探讨这个话题——责任感。

我们培养孩子的时候，都希望他们将来可以成为一个负责任、有担当的人。不论在工作还是在家庭中，责任感都是一个人需要具备的优秀品质。

可责任感并不会凭空生出来，它需要在生活中练习，也需要时间积淀。同时还有一个极易被家长们忽略的小秘诀——掌控感。

波波今年5岁，在幼儿园上中班。每天早上妈妈负责叫他起床以及穿衣、洗漱。自从波波四五岁开始，妈妈就发现波波穿衣服、穿鞋时都不像小时候听话了，他常常会说“不想穿这个，想穿那个”这样的话。

妈妈觉得这是因为波波学会臭美了，他小小年纪，倒是开始自己挑衣服了。妈妈担心这样下去对孩子成长不好，所以两个人经常为这事发生矛盾。

后来波波好像突然转了性格，什么事都不提意见了。妈妈一开始很开心，觉得孩子听话，都听自己安排了，她感到很省心。

慢慢地，妈妈觉得有些不对头了。波波长大后也是个小男子汉，什么事情都没有主见可不行。但这个时候，波波已经不怎么表达自己的想法了，妈妈越着急他越不说话。

妈妈觉得自己处理不了，来咨询心理专家。经过沟通，才发现孩子在自我意识萌芽和发展的过程中，往往会不断地追求掌控感。这是一个正常的自我认知的发展过程。

丧失了掌控感的孩子，会默默地收起自己的“看法、意见、认知”，渐渐变得依赖别人，很可能成为不断追求被别人认可的人。

于是，妈妈终于知道了症结所在，回家后就开始慢慢引导。先从穿衣、吃饭开始，看似不经意地询问波波的爱好，然后就投其所好满足他。

波波发现自己的想法被妈妈听了，妈妈也没有不高兴，还很支持他。渐渐地，他胆子也大了，爱表达了。

责任感建立的前提往往是孩子有着足够的自信和清楚的自我认知。孩子初来这个世界，并不能很好地分辨自己与别人的不同。

突然有一天，他们发现自己可以控制那胖嘟嘟的小手、小脚，可以去拿想要的玩具。又经过一阵子，他们发现了自己的能力、自己的想法，感到自己原来是如此独特。

这时候，他们开始想要自己“做主”，来决定一些事。例如：用什么颜色的水杯、勺子，看什么绘本，听什么故事，穿什么颜色、款式的衣服等。也会想要试试看，自己的能力是否可以完成一些事，如自己吃饭、喝水、上厕所、穿鞋……

自我意识就在这个过程中慢慢地萌芽和发展起来。当孩子对自己的能力有比较清晰的判断时，更容易对自己产生自律性要求，进而拥有责任感这类重要的品质。

在这个过程中，孩子的想法不可避免地会跟家长产生一些冲突：

天气凉了，应该加衣服，可孩子也许尚未意识到这样的变化，坚持穿短袖、短裤。

不穿鞋、光脚在地板上走，容易着凉、发生腹泻，可孩子就是死活不愿意穿鞋。

……

这种情况就好像比赛，天天要跟孩子拉来拉去、辩来辩去。时间一长，次数一多，父母就会觉得心烦气躁，充满挫败感。

但别担心，这正是孩子“长大”的必经之路啊！没有展示自己掌控感的机会，没有“自己说了算”的人生经验，孩子要么就会逐渐丧失自信，要么就会变成玩世不恭的浪荡子。

自我掌控感好的孩子	丧失自我掌控感的孩子
责任感强，敢于正视责任	逃避责任，不愿面对
自信心强	丧失自信，依赖别人
自尊水平高	自尊水平低，常常觉得自己不如别人
自律性强，有一定的自我要求	自律性差，对自己要求低
有主见，有思想	缺乏主见，比较被动

为了帮助孩子培养责任感，家长又需要怎么做呢？其实并不难，主要就是注意以下几点。

1.正确对待孩子的意见

有不少家长都认为孩子的逆反是成心的，孩子就是不听话，想要跟大人对着干。事实上并不是这样，孩子如果不能常常表达自己的意见，反而可能是有问题的表现。

孩子的想法跟家长有冲突是非常正常的现象。如果因为这样就不允许孩子表达，那么不仅影响孩子的责任感，还会影响他们自信心的建立。所以，家长一定要客观看待孩子对于自己想法的表达。

如果出现了跟我们不同的意见，那么可以再接着问问孩子：为什么要这样想呢？深入了解孩子的想法，不仅可以增加我们跟孩子间的信任和了解，还能够让孩子体会到他们的想法得到了尊重。

2.积极鼓励孩子表达自己的想法并尽量支持

有些孩子一开始并不能很好地表达自己的想法，那么我们可以从询问他们的爱好开始。例如："宝宝喜欢什么颜色呀？""宝宝想要穿哪件衣服呢？”“这两个图案，你喜欢哪个呢？”

如果宝宝说喜欢红色，那么我们在给宝宝选择用品的时候就多买些红色的。当他们发现自己的看法被尊重以后，会更加想要表达看法。

当他们的想法无法实现或不妥当时，我们也可以诚恳地表达我们的意见。平和地交换意见和共同探讨，对于孩子意识思维的完善也有着积极的作用。

3. 在孩子可以做主的范围内让他们做主

当然，生活中也不是事事都能够让孩子说了算的。孩子在小的时候受到认知所限，很多事情没有办法判断后果。这也是他们需要成年人照顾的原因。

在这种情况下，我们需要甄别、选出那些可以让我们放手的事情。既不会有危险，又能满足孩子掌控感的事情，就可以由他们做主。

4. 不能满足孩子掌控感的情况下，尝试缩小范围或者提供替代方案

实在不能够让孩子说了算的事情，可以考虑在缩小范围的基础上，找出可以让他们做主的事项。

例如，必须出门的时候，不论是时间还是交通工具的选择，甚至目的地，都不能够任由孩子天马行空地安排。

这时候不妨考虑让孩子选择出门穿的、戴的、用的，或者到了目的地后的自由活动内容等。

还有一个方法就是提供替代方案。例如，仍然是要出门办事情，我们可以考虑让孩子来决定外出活动结束后晚饭吃什么、在哪里吃。

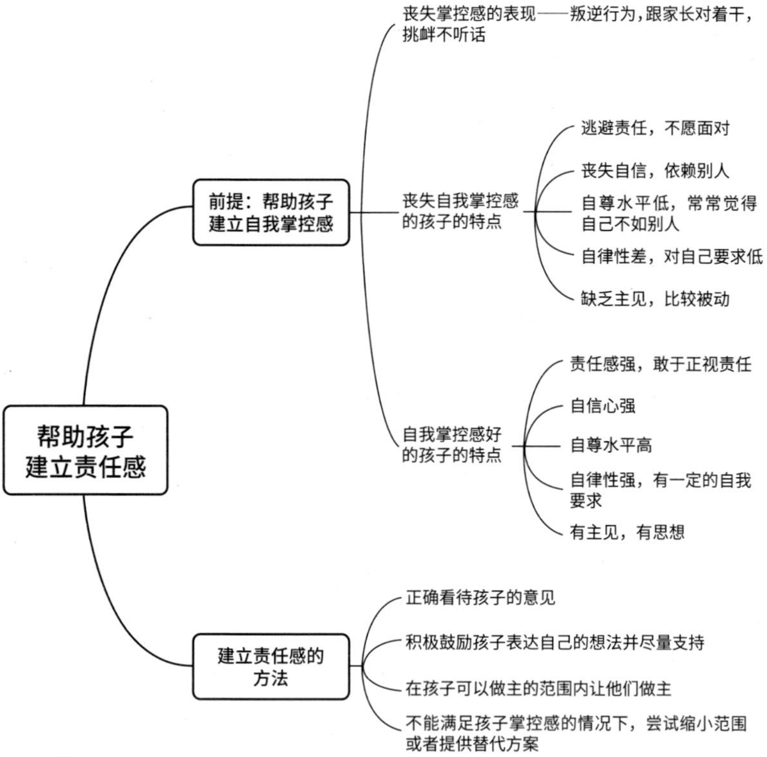

总结

想让孩子成长为一个负责任的人，首先需要让他们体会掌控感，在了解哪些事情能做主之后，他们才会学着对自己做主的事情负责任。我们在这个过程中要做的就是逐渐放手，让他们尝试可以尝试的，学会应该去做的，承担应该去承担的。

第三章

培养孩子情商的核心能力

人生最大的财富便是人际关系，因为它能为你开启所需能力的每一道门，让你不断地成长、不断地贡献社会。

——安东尼·罗宾

被大多数人喜欢的秘密

我们在小的时候常听大人们说："这样做，就是乖宝宝，大家都喜欢乖宝宝。"

从此，"做乖宝宝"和"让大家喜欢"似乎就变成了我们的社交目标。

成年后的我们逐渐感受到，被大多数人喜欢确实在社交活动中是有益处的。一个人要想在社会环境中生存下来，处处与人为敌显然不行。那么我们怎么样才能够帮助孩子成长为一个被大环境所接纳、被大多数人所喜欢的人呢？

细心的你也许会发现，周围总有那么一些人，仿佛天生就招人喜欢，大家都喜欢跟他们接触，这类人待人接物时也总是让人如沐春风。他们真的是被上帝亲吻过的人吗？难道有魔法不成？

某著名主持人芳芳（化名），还在传媒大学进修时，有一天迎面过来一个人，她习惯性地笑了一下。对方停住了脚步，说："这个姑娘真爱笑，你叫什么名字？"芳芳听了虽然觉得有点奇怪，但还是回答了对方："您好，我叫芳芳。"

谁知，对方掏出了一张名片给她，说下午大礼堂有招聘会，让芳芳过去找他。

那天下午，芳芳真的拿着名片找到了那位老师，也参加了面试。她到那里才知道，这是一家知名电视台的合作公司在招聘主持人。可她一点准备都没有，也没化妆，梳了一个朝天辫就上场了。

事后，她已经不记得当时参加面试的内容了，只记得自己一直在笑。

她不是最漂亮的，也不是普通话最好的，却是最爱笑的。

实际上当时也没有什么节目适合她，但是考官们却觉得她很爱笑，就留下她了，准备安排她去报天气预报。

当然，最后芳芳没有真的去报天气预报，而是成了一名生活主播。并且在这里一做就是11年，直到成为公司总裁。

她曾感慨地说，妈妈从小对她的要求就是，见人必须微笑，别人不知道你的心情如何，所以人家没有必要看你的脸色。

正因为如此，见人微笑成了她的习惯，也改变了她一生的命运轨迹。

俗话说“伸手不打笑脸人”，真正被大家喜欢的法宝其实就是笑容。试想，初见一个陌生人，没有比微笑更好的名片了。让孩子学会见人微笑，与人为善，便是给了他们一把踏进社会大门的金钥匙。

在日常生活中我们却常常发现，一些孩子不仅很难做到见人微笑，甚至会害怕见人，不是躲在父母背后，就是低头不说话。

这时候，很多父母会觉得很尴尬，有时候会强行把孩子扯过来，命令他们打招呼；有时候则自嘲几句，说“孩子有点害羞”“孩子有点胆小”来缓解氛围；再不然，就是给孩子扣上一顶“内向”“胆小”的帽子。

要想见人微笑，至少得不怕见人才行。那么，我们怎么做才能帮孩子不再害怕社交场合，主动跟人打招呼呢？

1. 理解孩子对于陌生环境、陌生人、突发事件的恐惧和无措

小朋友的认知跟成人不同，对陌生人、陌生环境的判断和熟悉都要经历比较长的时间。

现在的社会环境复杂，我们对孩子的安全教育也不曾放松，所以孩子在遇到心中的“陌生人”时，他们往往更加需要时间消化这个信息。

我们也常常跟孩子说，“不要跟陌生人说话”“不要跟陌生人走”。但是这个陌生人究竟是谁，究竟如何界定，其实孩子并不清楚。

如果说陌生人等于“孩子不认识的人”，那么在遇到同小区的人或爸爸妈妈单位的同事时，这些人对孩子来说就是陌生人。按照平时的家庭安全教育，遇到这类人，就是不能够多说话的，更不能接受他们给的食物和玩具。

可在现实生活中，遇到这类型的人，爸爸妈妈往往会要求孩子打招呼，甚至允许孩子接过他们提供的食物或玩具。那么，孩子一定会产生迷惑，这到底是不是陌生人呢？

所以，我们平时对孩子的教育要充分考虑实际情况对孩子的考验。正是因为孩子对种种情况进行判断需要时间，才常常无法在需要打招呼的第一时间做出反馈。

孩子们对于陌生的环境也有同样的问题：

“这是哪里？”

“我在这里做什么？”

“这里有没有认识的人？”

“这里会不会有危险？”

这样的想法，在孩子初到陌生环境时常常出现。

作为家长，我们对于遇到熟人时孩子不说话或躲在我们身后的行为，应尽可能予以理解，不要随意给孩子“扣帽子”“贴标签”。

2.对于可以预知的会面，提前预告孩子

正是因为孩子需要时间去消化新环境的信息，对于我们可以预知的会面，要提前预告孩子。

比如，你可以说：“宝宝，我们等下会见到张阿姨，还有她的儿子小贝。小贝比你大一点，你可以叫他‘小贝哥哥’。等会儿我们见到他们，可以跟他们打个招呼。妈妈会说‘你好’，你可以说‘阿姨好，小贝哥哥好’。”

当心中有预期时，孩子就不会过于恐慌或焦虑了。

3.示范给孩子看，如何跟别人打招呼

平时，我们见到朋友或进出小区遇到保安、邻居等时，都可

以示范给孩子看，如何跟别人打招呼。

当我们自己做到见人微笑、勤打招呼的时候，孩子完全可以通过模仿我们而做到。

4. 多创造不同的社交场合，给孩子提供体验机会

我们都想让孩子见多识广。对于情商提升来说，“见识”其实就是社交场景足够丰富。

在不同场合会遇到不同社交属性的人群。在职场、商场、公园、电影院……都会遇到不同类型、不同角色的人。父母带孩子体验不同社交场景时，自然而然就会示范在各种场景下应该如何与别人沟通和相处。

这样的经验也只能在生活中逐渐积累，教科书是很难教会孩子这些的。

5. 通过绘本、故事慢慢建立见人微笑等习惯

冰冻三尺，非一日之寒，不论是提前预告还是亲自示范，都不是一朝一夕就可以改变孩子的。

除了常常制造这样的社交场景便于孩子体会外，我们还可以利用亲子活动时间，利用绘本和故事慢慢地引导，使他们逐渐形成习惯。

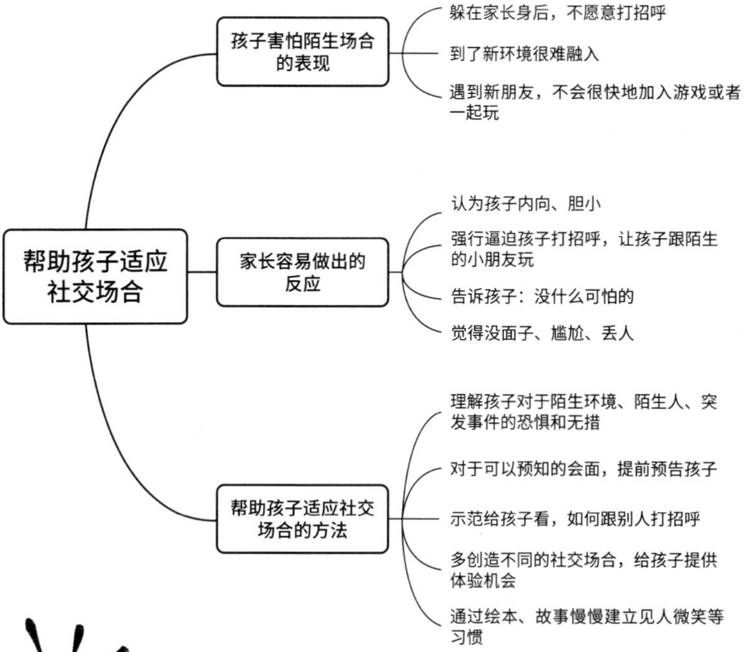

总结

家长都希望自己的孩子可以被大家喜欢、被社会接纳，可有的孩子就是天性比较好动，而有的孩子比较喜欢安静。部分家长会为此烦恼不已，生怕自己的孩子不易融入大环境。

事实上，被大多数人喜欢的秘诀就是“见人微笑”。不论自己是什么心情，遇见对方的时候，都报以一个善意的微笑，周围的人多半也将回报一片阳光。

警惕讨好型人格，情商高不只是“被喜欢”

我们在上一部分的内容中提到，不论是我们还是孩子，将来想要更好地融入社会环境，就面临一个挑战——需要“被大多数人喜欢”。

可是，在生活和工作中，有些人过于追求他人的评价，丧失了自我。这样的人常常会处在焦虑中，生怕别人对自己有一丁点的负面评价。

所以，我们在养育孩子的过程中，要传达这样的价值观：情商高一定不仅仅是“被别人喜欢”。

如果孩子为人处世都是为了讨别人喜欢，那么很有可能会丧失自我。这样的孩子普遍自尊水平较低，总是习惯从别人的评价中获得自我存在感和自我价值感。

艾丽小的时候比较喜欢安静，常常自己在一边玩过家家或者默默地画画。父母很担心她太过内向，在学校不能常常参与课堂互动，影响老师对她的印象。将来长大了去工作，这样的性格估计也不太讨人喜欢，万一遇到复杂的人际关系，恐怕是要吃亏的。

妈妈为了改变她，常常带她去朋友家做客，想着艾丽见的人多了，也许哪一天就爱说话了。爸爸却比较简单粗暴，总是忍不住指责艾丽，说班上别的小朋友都爱说爱笑，又活泼，她这个样子下去将来不会有出息。

随着艾丽长大，她开始慢慢尝试着改变自己去迎合别人。

起初，她强迫自己在群体中发言，也尝试着去说一些漂亮话，可自己不是紧张得要死，就是觉得太虚伪，内心非常痛苦。

然而，即使是痛苦，她为了获得大家的认可和喜欢，也为了获得父母的赞扬，仍然坚持要求自己改变，渐渐戴上了一张“面具”，也给自己的心戴上了枷锁。

父亲看到她的改变，以为艾丽“开窍了”，觉得是自己的严厉要求奏效了，为了让艾丽“再接再厉”，不论她怎样努力，父亲始终不会给她很高的评价，连一句夸赞都没有。

于是，艾丽活得既痛苦又战战兢兢，别人一旦说她不好，哪怕是客观地指出一些问题，她也觉得可能是自己太没用了，或者有什么地方做错了；别人夸赞她了，她反而觉得心不安，认为自己还可以更好。

事情的趋势已经是可以预见的悲剧化了，艾丽形成了所谓的讨好型人格，过度地依赖别人的评价，而丧失了对自己价值的认知。激烈的负面评价对她的打击将是致命的。

我们培养孩子的情商，终极目的就是帮助孩子建立健全的人格。一味地追求他人的评价和肯定，可以说是捡了芝麻丢了西瓜，本末倒置了。

孩子可以客观对待别人的评价，这对于他们的成长乃至人生都是意义重大。一方面，对于他人的积极评价，要不骄不躁；另一方面，对于消极评价，应虚心接受、反思。

不过，这一切都建立在清楚、客观的自我认知的基础上，包括前面我们提到的自信、自律等。天下没有两片完全相同的树叶，每个孩子都有自己的特点，当然也都有优点和缺点。我们要如何做才能既帮助孩子建立自信、提高情商，又不至于让孩子太过担心别人的评价而不敢尝试、丧失自我呢？不妨试试下面的方法。

1. 肯定孩子的独特，保护孩子的自尊

知道自己的特点，不论是扬长避短还是努力补上短板，都是有好处的。作为家长，内心往往受不了“别人家孩子”的优秀，习惯性地将他们跟自家孩子进行比较。

在“别人家孩子”影响下长大的孩子不计其数。殊不知，这种做法非常容易让孩子丧失自信，产生破罐破摔的想法。严重的，不仅破坏亲子关系，还会引发孩子对自我的怀疑。

充满自信的孩子，并不会因为一两句批评就妄自菲薄，反而会获得再次挑战的勇气和力量。

而自尊对于孩子来说，就是他觉得自己是有能力的、重要的、成功的和有价值的。拥有自尊对孩子的发展来说，也有着非常大的影响。

拥有高水平自尊

- 高成绩、高效率、高社会成绩、更受欢迎
- 高主动性、高自信心、多按照自己的意志行动
- 自我感觉较好、积极情绪多、幸福感强

2.对于他人给孩子的评价，用客观、积极的心态去面对

让很多家长过不去的一关是别人对孩子的评价，尤其是老师给的评价。对于老师的工作，我们是要尊重的，但对于老师对孩子的评价，家长不能“偏听偏信”，要尽量保持客观。

孩子在开始学校生活后，很快就会发现学校跟家庭的要求不同，而这种差异也必然会造成孩子在两种环境下的表现不同。很多家长在听到老师的评价之后都会觉得这与自己印象中的孩子很不一样。

这种情况在入学、升学、插班、成绩波动、青春期等情况下尤其明显。那么老师的评价可能存在问题吗？

举个例子来说，不同的孩子有着不同的气质类型。最新的发展心理学理论将婴儿分为三种气质类型：容易抚养型、发展缓慢型、不易抚养型。除此之外，还有一部分孩子属于混合型，兼具以上三种气质类型的特征。

而不同气质类型的孩子，在上学之后也会在课堂上有不同的表现：有的容易融入新环境，跟新同学打成一片；有的喜欢独处，按部就班；有的比较易怒，容易发脾气；还有的总是慢半拍……

面对学校的压力，家长们还是应该积极分析孩子的实际情况，结合生理、心理各方面因素综合考虑。

3. 对于孩子的行为，关注其背后的原因

我们往往能够直接看到的都是孩子的行为，尤其是不良行为、让我们生气的行为。其实行为在很大程度上是由心理活动决定的，孩子心里怎么想、怎么感受，才是我们应该关注的重点。

最好的办法就是，假设自己现在的身份是孩子，经历了跟他们相同的事情，我们会怎么想，有什么感受。在情景模拟中，我们更加能够体会孩子的心情，也有利于做出正确的决定。

4. 对于孩子的努力，要及时给予肯定

孩子对于父母的肯定极为重视。很多讨好型人格的形成，都是由于小时候没有获得父母的正面评价。这部分孩子特别容易丧失自我价值感，有的甚至一生都活在追求他人的认可中。

所以，对于孩子的努力和成绩，我们一定要及时给予肯定。孩子会从中获得继续挑战的勇气和力量。

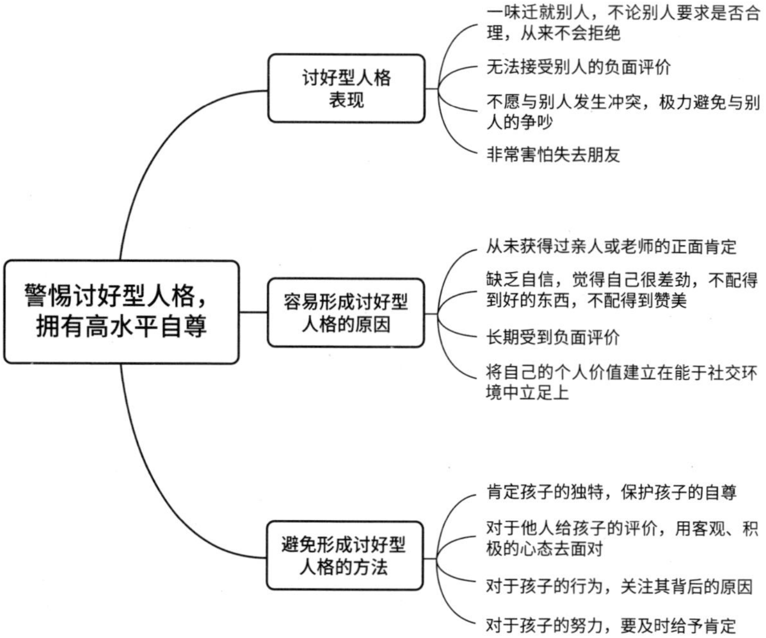

总结

我们都希望孩子可以被大多数人接纳和喜欢，但这不应该建立在孩子丧失自我的前提下。父母的认可和鼓励对孩子来说，意味着肯定和价值。在孩子的幼年阶段，这种肯定将帮助孩子建立自信和自尊。

体验“被理解”，才能产生同理心

在现代的育儿理论中，常常会见到一个词——共情。当孩子遭遇了消极情绪冲击的时候，作为家长，首先要接纳孩子的情绪，而接纳情绪的有效方法就是共情。

可我们在实际跟孩子的沟通中，往往发现理论都懂，可就是做不到，不是控制不住情绪，就是忍不住说教。

原来，共情并没有想象中那么简单。

所谓的共情，就是有同理心。可同理心并不是天生就有。一方面，根据著名的心理学家皮亚杰的认知发展阶段理论和儿童道德认知发展理论，孩子要到5～7岁才能逐渐体会到别人的看法和感受与自己的不同；另一方面，同理心是一种比较高级的情商表现，自然长大并不能让孩子直接获得这样的能力，我们需要在生活中刻意帮助孩子学习。

想要培养同理心，其实也是有秘诀的，那就是让孩子体验“被理解”。

有句话叫“理解万岁”，如果自己的难处或者困惑被别人理解了，那真的是有一种要大呼“万岁”的感动。你希望别人能够懂你，孩子也希望我们能够懂他。

飞飞是个5岁的小男孩。在他小的时候，爷爷奶奶总是特别疼他。每当他不小心被椅子腿绊倒时，爷爷总会说：“哎呀，飞飞不哭，我帮你打这个椅子！谁让它绊倒你，真讨厌！”

每次飞飞有不合理的要求，想耍小性子时，奶奶就会说：“好吧好吧，你就是小皇帝，咱们家都要听你的。”

时间一长，飞飞就觉得，别人都必须听他的，他说了算。等到飞飞上了幼儿园，这问题就凸显出来了。

有一天，飞飞跟幼儿园的同学小宇都看到了一个小木马玩具，可是小宇比他大一岁，又比他高一些，很快就跑到小木马那边骑上去了。

飞飞硬是拽着小木马不放手，非要让小宇下来，让他先骑。

小宇不同意，飞飞就大喊：“我是皇帝，你必须听我的！”

结果小朋友们都哈哈大笑，飞飞不明所以，但也感觉到自己也许说错了话，又急又气，就去拽小宇的衣服。

这一拽不要紧，一下子把小宇的衣服扯坏了。

老师看他们扭打在一起，赶快过来了解情况。

老师看到小宇被撕坏的衣服，搂着小宇说："这衣服被撕坏了，它一定很疼很难过，我们快来给它治病，帮它恢复健康吧！"

一下子，飞飞和小宇都愣住了。是啊，他们从未想过，衣服如果有生命，会有怎样的心情。但老师的话却让两个人不再剑拔弩张，他们不知不觉地开始思考，对方刚才可能会是什么感受。

接着，老师搂着飞飞说："刚才你很想玩这个小木马，对吗？"

飞飞说："是啊。"

老师说："我猜，你一定是太想玩了，才会去拉小宇的衣服，忘记了排队来玩，是不是这样啊？"

飞飞不好意思地点点头。

老师又说："在家里，只有飞飞一位小朋友，爸爸妈妈、爷爷奶奶都会让着你，所以每次你想要玩什么，都可以很快玩到。可是幼儿园有很多小朋友哦，当你想玩一件玩具的时候，如果有别的小朋友已经在玩了，咱们应该怎么办呢？"

飞飞想了想说："在幼儿园有很多小朋友的时候，可以排队轮流玩，就像站队那样。"

当老师说出了飞飞内心的想法其实是想要玩玩具，而不是故意要撕坏同学衣服时，飞飞觉得老师理解了他，明白了他想要做什么。

这时候等于创造了一个让孩子体会"被理解"的场景，接着再来一起想办法解决问题，这比不顾青红皂白地责骂的效果好得多。

同理心的建立，需要在生活场景中慢慢帮助孩子体会，孩子单靠看书和说教是学不会的。一个人只有真切体会过"被理解"，才能够逐渐明白什么叫作同理心。

同理心包含两个方面的内容：一是站在别人的立场考虑问题；二是理解他人的情绪。

首先要求我们的孩子，有能力站在别人的立场考虑问题。换位思考可不是一件简单的事情。想想生活中有多少人发出过"要是对方能够站在我的立场上想想该多好"这样的感慨吧！很多搭档、朋友甚至夫妻，都没有办法做到换位思考，这正是因为他们缺少"被理解"的体验。这种换位思考的能力光靠想是想不出的，只有在体会过之后才能获得。

其次，当孩子不仅可以处理好自己的情绪，还能够换位思考时，那他就可以尝试去理解他人的情绪了。

拥有同理心，对于孩子的情商培养是极为有利的。虽然我们也许没办法对所有的事情感同身受，但能够站在别人的立场上思考问题、接纳别人的情绪，则可以在很大程度上缓解对方的焦虑，让对方打开心扉，同时增加对自己的信任感。

究竟要如何帮助孩子体会、建立同理心呢？我们可以从以下4个方面去做。

1. 满足孩子的基本需要

这么做的目的是帮助孩子建立足够的安全感和自信。安全感是高情商的保障，自信是高情商的根源。

如果我们不能满足孩子的基本需要，那很可能就无法帮助孩子建立起基本的人际信任。

如果孩子觉得“他不配”，就没有办法站在别人的角度考虑问题，他也是缺乏自信的。

这个时候的孩子已经丧失了安全感。同理心是建立在双向沟通和双向交互的模式上的。安全感十足，共情便是水到渠成的事情。

2. 培养理解和表达情绪的能力

对自己情绪的表达和处理，是建立同理心的前提。对自己的情绪都管理不好，是没有办法站在别人的角度思考问题的。

孩子在推理能力发展到一定水平之后，才能够过渡到对他人情绪的理解上面。

我们平时可以通过跟孩子玩“情绪猜猜看”游戏，或者阅读“我的情绪小怪兽”等情绪主题绘本，增加孩子对情绪的敏感性和辨识度。

情绪猜猜看

①准备各种“情绪”的游戏卡。可以用不同的表情代表不同的情绪，再用相应词语进行标注。
②将情绪卡放在一起，背面朝上，打乱顺序。
③家长和孩子轮流抽取情绪卡，看到卡面的人进行表演或描述。如“伤心”，可以做出相应表情，也可以说“我最心爱的小玩偶丢了，我感到很伤心”等。
④从简单易表演的情绪开始，逐渐增加情绪的种类和难度。

3.区分“事实”和“评价”

在我们情绪波动很大且态度强硬的时候，孩子通常已经无须揣测我们的想法——我们的想法已经通过激烈的言辞表现出来了。

换句话说，在这种时候，孩子已经没有能力站在我们的立场上思考了。我们的态度和评价有可能已经伤害到了孩子，使他们处于一种“应激”的状态，亲子关系剑拔弩张，双方已经丧失了创建同理心的场景条件。

尽可能多地关注事实想法，减少价值评判和少表现评价态度，是我们要努力实现的目标。例如，在你非常生气的时候，可以说“妈妈现在很生气”，而不是说“你这孩子这辈子不可能有出息了！你个败家子”！

4.创建足够的体验场景

同理心同样需要在大量的生活场景中体会。我们在生活中每一次的情绪波动，每一次与别人沟通的场景，都是孩子跟我们共同学习的好机会。

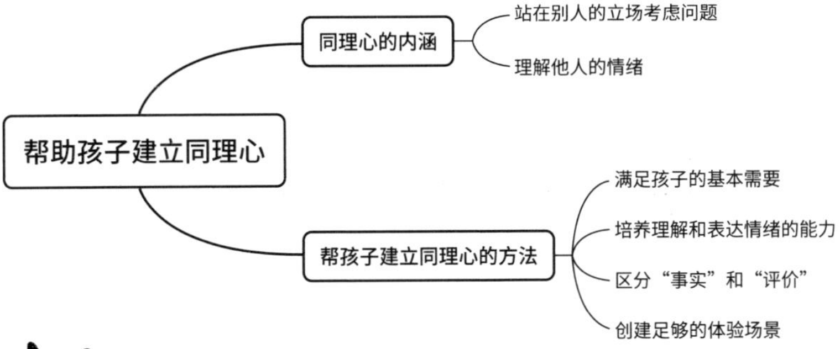

总结

同理心不能生而就有，也很难通过看书获得，只能够在生活场景中体会。但是建立同理心的能力可以逐渐提升。让孩子体会“被理解”，才能真正打开同理心的通道。

懂得协作的孩子更有前途

情商中很重要的一个部分，就是与周围的人相处。不论是在学校生活，还是真正走入社会，对孩子处理与周围人关系的要求都是存在的。只不过随着年龄的增长，这种要求越来越高。

独立，并不意味着要单打独斗，而是要依靠自己的思想做出一些决定、处理一些事情，孩子需要独立思考。我们同时需要培养他们的合作能力。同他人合作，将是孩子成年之后必须具备的重要能力之一。

刘备不如诸葛亮聪明，也不如关羽、张飞勇猛，但他是最善于与他人合作的人。也只有这样的人，才更有可能成功。

苗苗从小就很喜欢玩小汽车，上了幼儿园之后更是这样。幼儿园有上百辆各式各样的小汽车，小朋友们在一起，每天都可以进行几场“汽车比赛”。

有一次，苗苗拿着一辆小汽车正在摆弄，突然小汽车的轮子掉了下来。苗苗一看就傻眼了，他觉得自己弄坏了东西，不知道该怎么处理。

这时候，班上的同学蓬蓬过来了，他看到苗苗正在摆弄汽车零件，就问：“你的小汽车坏了吗？”

苗苗想起，蓬蓬跟他一样，都对小汽车特别喜爱。不过蓬蓬比他大半岁，没准他知道怎么修好小汽车。

于是苗苗对蓬蓬说：“是的，你能不能帮我看看呢？我想你帮帮我。”

蓬蓬听了后说：“我可以帮你修修看。”

苗苗举起小汽车，递给蓬蓬。

蓬蓬拿起小汽车，仔细看了看，发现螺丝松了，于是他跟老师要来了小工具，自己试着将轮子拧了上去。

修好了小汽车，蓬蓬找到苗苗，给他讲了讲怎样做就能把轮子修好。这样，下次苗苗也可以学会自己修小汽车了。

常常会有家长抱怨自己的孩子不愿意与别的小朋友一起玩玩具，遇到问题也只会找妈妈，不会自己想办法或者问问别的小朋友。其实这种个人能力是群体协作的基础。

3岁以下的小朋友并不适合进行团体协作的活动，他们在各方面的能力还没有发育完全。这种情况会一直持续到6岁左右，到那个时候孩子差不多才能真正明白协作的含义。

那么，3～6岁的孩子就不能发生协作行为了吗？

答案是否定的。这个年纪正是在幼儿园接触大量小朋友的时候。不论是自发还是老师引导，都会出现一些协作场景。

只是这个年龄的孩子各方面的能力尚在发展中，而且个体差异相对较大，所以他们并不一定都可以胜任这样的能力场景。

正因为如此，这个阶段才更加需要家长的正确引导。

与他人协作，考验的不仅仅是跟他人沟通的能力，还有问题解决的能力。人们协作的目的是要解决问题。那么对于3～6岁的孩子，如何引导和帮助他们建立协作的意识呢？

美国华盛顿大学的学习与脑科学研究所经过研究发现，两个孩子在游戏中出现频率或者状态同步时，这种情况会促进彼此之间的合作。

举例来说，假如孩子们在一起跳格子，当两个小朋友跳跃的频率相似时，两个人会自发形成一种“团队”的错觉，慢慢变成一起跳、一起玩耍。

这种效应在成年人中也经常遇到。比如两个人散步的时候会自动调节步伐，形成一个长度差不多的步长，这样两个人一起走路才会更加协调。

了解了这个理论，我们就能够利用它来帮助孩子提升协作意识。一个很好的办法就是带孩子参加一些团体游戏或者体育运动。因为在类似足球、篮球这样的运动中，孩子会自然而然地完成一个协作的过程，这个过程会让孩子体会到跟别人合作是怎样的。而体育运动又天然有着竞争的属性，这意味着孩子除了可以体会到协作，还能够同时体验到与伙伴们共同朝一个目标拼搏的感受，这种感受对孩子的成长非常珍贵。

此外，我们在家庭培养过程中还需要注意以下3方面的问题。

1.注意家庭环境的影响

孩子在学前阶段，在家里的时间相对还是最长的，父母的影响不可小觑。孩子是不是有协作意识，跟爸爸妈妈的养育风格有很大关系。

有一部电视剧叫《虎妈猫爸》，刚好很能说明这个问题。妈妈和爸爸的养育风格截然不同，妈妈非常要强，而爸爸比较随性，孩子就这样在爸爸妈妈不同的风格碰撞中长大。

如果爸爸妈妈都是比较争强好胜的人，那么好强在孩子看来就是一种常态。生活在竞争中，孩子就很难理解平和是一种什么样的状态。这并不是说孩子是错的，而是说这样的状态就是孩子的正常状态，在这样的状态下寻求合作是比较困难的。

如果父母都是相对平和的人，那么孩子就比较容易在平和的环境中有合作的体验。这里要说的是，态度平和不代表对孩子没有教育目标和规划，我们只关注态度和风格。

2. 考虑孩子自身的特点

每个孩子都有不同的气质类型，也有不同的性格特征。只考虑外部的影响和外部环境的作用，而不考虑孩子自身的情况显然是不明智的。

除了气质类型和性格特征之外，还有性别。

男孩子体内的睾丸酮造成了他们天生就会比女孩子有更强的攻击性，他们在体力方面也与女孩子有所不同。

家里有男孩子的父母应有所体会，男孩子总有用不完的精力，一天到晚上蹿下跳的，而且男孩子发起脾气来也往往比女孩子更有破坏倾向。

女孩子则明显不同，她们到3岁之后就普遍比较容易安静下来，也更容易跟其他小朋友产生沟通和交流。

此外，孩子所处的年龄阶段也应予以考虑。在不同的年龄阶段，孩子的认知发展水平、道德发展水平以及活动能力都有很大不同。

所以，我们在培养孩子的时候，要充分考虑孩子的性别、性格特性，以及孩子所处的年龄阶段。综合考虑各种因素，才能找到更加合适的养育方式。

3. 注意玩伴的年龄差异

建立协作能力很重要的一个前提就是，孩子必须优先做好自己的事情。这样他们才有能力去跟别人进行交流互动。

刚才我们提到，孩子在不同的年龄阶段，在认知思维和各项能力上均有显著区别。如果总跟大一些的孩子玩耍，孩子很有可

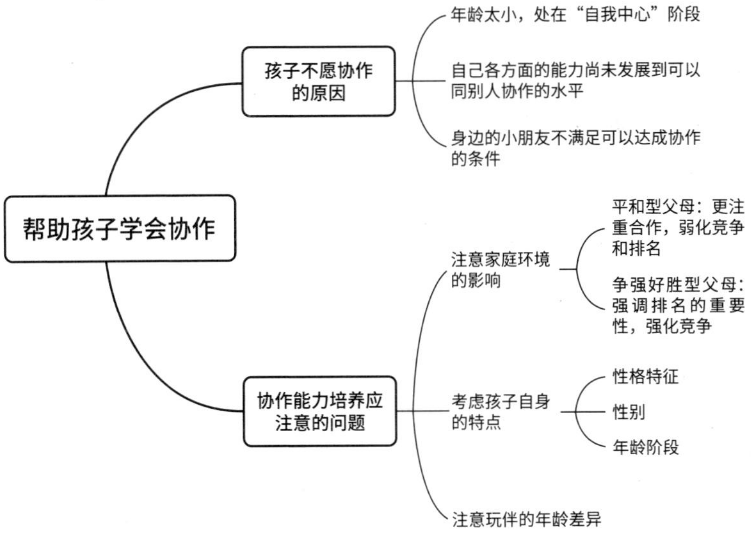

能会觉得自己不如别人，这对于他们建立自信会产生负面影响。

所以，我们不建议孩子总是跟比自己年龄大的小朋友玩。家长可以适当创造机会让孩子接触同龄或者稍小一点的小朋友，孩子也可以在这个过程中学会如何为别的小朋友做示范，以及照顾比自己小的伙伴。

总结

协作的本质就是跟大家一起努力，共同完成一个目标。这种能力要在孩子自身各方面能力都有一定基础的情况下才能够得到发展。想帮助孩子培养协作精神，就应该根据孩子自身的情况，让他多参与团体性运动。

千万不可忽视的倾听能力

孩子从语言爆发期开始，就会变成小话痨，各种“为什么”铺天盖地。紧跟着就会有一个总是争着抢着表达自己的阶段。

在这个阶段，孩子常常会打断家长的话，不让爸爸妈妈说，一定要别人听他说。

需要注意的是，爸爸妈妈在孩子语言爆发期训练孩子表达能力的同时，千万不要忽视另一个重要的人际交往能力——倾听能力的培养。

能够静下心来倾听别人的想法，是一件特别不容易的事。绝大多数成年人并没有这样的机会去好好听另一个人讲话，不是总想打断，就是会对他人的想法加以评判。正因为是这样，大多数人也并没有机会被别人倾听过。

在日本著名的儿童文学作品《窗边的小豆豆》中，小豆豆刚来到新学校“巴学园”的时候，跟校长进行了第一次面谈。校长采用了非常智慧的方式来了解小豆豆：他要求小豆豆把所有想说的话都说出来。

小豆豆想了想，开始回忆之前的经历。这一聊起来，越说越兴奋，不知不觉地说了4个小时，而且丝毫不觉得累。在这个过程中，校长只是静静地听着，时而用眼神、表情附和，让小豆豆感到她说的都是特别有趣的事。

书中有一句话让人感触很深：“小豆豆心想，她活了6年，从来都没有人这么认真地听她说这么多话。”

倾听的力量对一个孩子来说影响深远。等到孩子长大进入社会，有能力倾听他人的话，那么会受到大家的欢迎和肯定也就毫无悬念了。

子扬最近刚刚学习10以上的加法，还不能够算得很快，每次遇到题目都要借助手指来计算。

临睡前，他跟妈妈聊着聊着就说到了计算题。

子扬问妈妈：“妈妈，7+7等于多少啊？”

妈妈一边想怎么给子扬讲解，一边举起了7根手指。她对子扬说：“子扬，你看，妈妈现在举起的是7根手指，对吧？”

子扬回答道："对。"

妈妈说："那7+7就等于咱们把这7根手指来回数两遍。"

其实，妈妈的想法是，如果子扬只能够借助自己的10根手指来计算，那么就要想办法教他一个不会数错又能算出来的方法。

但妈妈还没来得及说，子扬就举起了他的小胖手，也伸出了7根手指。

妈妈说："子扬，你看妈妈的手指，7就等于左手的5根手指再加上右手的2根。"

可这时候，子扬打断了妈妈，说："妈妈，你看我的手，也是7根手指，我们从我的手指一直数到你的手指，就是7+7了。"

妈妈一看，原来子扬没有听懂自己的话，还是按照他的思路在进行计算。那么，不妨就听听看，子扬究竟是如何数的，他到底掌握到什么程度了。

于是妈妈没有坚持她的办法，而是耐心地等待子扬数完了4只手上的14根手指。

这时，子扬特别开心地说："妈妈，原来7+7等于14啊！那8+8、9+9、10+10都能这么算，对吧？"

妈妈听了之后说道："对呀，子扬会算得越来越大！”同时，妈妈心里也呼了一口气，心想幸亏没有打断孩子。

倾听能力常被忽视，很大一个原因是现代社会的快节奏生活催生了更多人的表达欲望。不说点什么，不发出自己的声音，仿佛就感觉会被时代抛弃。

另一个原因则是源于“热心肠”。听朋友诉说心事的时候，总免不了想要帮对方分析问题、想想办法，这样的场景你是不是很熟悉呢?

想要帮孩子养成善于倾听的习惯，首先要知道，什么是真正的倾听。要做到真正意义上的倾听，有以下5个要求。

一是不要打断对方。我们在听别人讲话的时候，常会忍不住发表意见或者打断别人。真正的倾听，要求我们完全不打断，就算心里有话想说，也还是请对方先说完。一来避免了对别人的不尊重，二来避免了掉入断章取义的陷阱。

二是不要对对方的话语、观点进行评判。随意评判对方的观点容易陷入争论，大家的立场不同、背景不同，考虑问题有不同的角度，所以观点不同也很正常。如果我们不能做到倾听而不评论，那么孩子更加难以控制自己。

三是持续关注，及时予以回应。注视着对方的眼睛，在必要的时候，给予握手、轻拍等肢体动作上的回应；倾听时不方便打断，但是要及时给予对方回应，这样对方才能知道你在认真地听他讲话，而不是在开小差。

四是由讲话者决定开始和结束。谈话的过程应由讲话者作为开始和结束的决定者。当讲话者表示没有什么想说的了，可以结束的时候，倾听的过程才能够结束。

五是按照讲话者的需求决定是否表达看法。倾听结束就结束了，只需要表达对对方的理解即可。当对方要求表达看法时才发表自己的看法和意见。有些朋友的确想要听听我们的意见，那在这种时候我们不能犯教条主义，如果可以提供意见和帮助，就要把我们的看法大胆说出来。

真正高情商的孩子，一定是一个懂得倾听的孩子。倾听对方可以表达尊重、建立信任，我们还可以多获取对方的信息，为后续的沟通做好铺垫、提供思路。

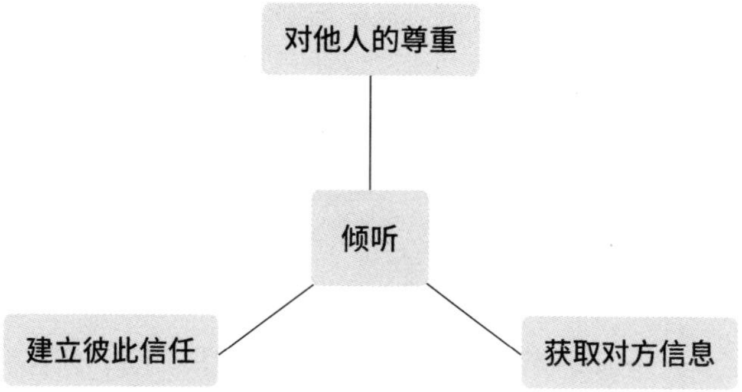

这些要求想要全部做到，并非易事，特别是孩子的专注力和忍耐力往往不如成人。要想培养孩子的倾听能力，我们可以从以下几个方面入手。

1. 不打断孩子的话

要做到不打断对方，我们首先要能完整地倾听孩子说话。在生活中，我们往往跟成人对话时都很难忍住不去打断对方，更加不要说跟孩子说话了。

有些家长被孩子的话语弄得生气了，或觉得孩子说得太夸张、说的有错误，就免不了去打断、纠正。

如果我们可以做到在父母间沟通时，不打断对方；跟孩子说话时，不打断孩子的话，那么孩子就更加能够体会到“被倾听”的感受。如果我们都做不到不打断对方，又怎么能帮助孩子建立倾听别人的能力呢？

2. 轮流说话

当多人在一起讨论时，可以采用轮流发言的方案。爸爸、妈妈和宝宝，轮到谁来说的时候，其他人就只能倾听。这样的方法一来不会产生争抢，二来大家都可以专注地听。

3. 想发言，就举手

在跟孩子示范的过程中，孩子难免会特别想打断我们。这时候可以跟孩子约定，谁想发言就举手示意。爸爸妈妈可以在每次话题开始的时候，假装比宝宝举手慢一点，这样就能让宝宝获得第一个发言的机会。

只要爸爸妈妈能够安安静静地听宝宝说完，宝宝就会倾听我们说了。

沟通是双向、平等的，孩子在完整地表达了自己的想法而没被打断后，首先收获的是一种“被尊重”的感觉，之后会理所当然地倾听对方。

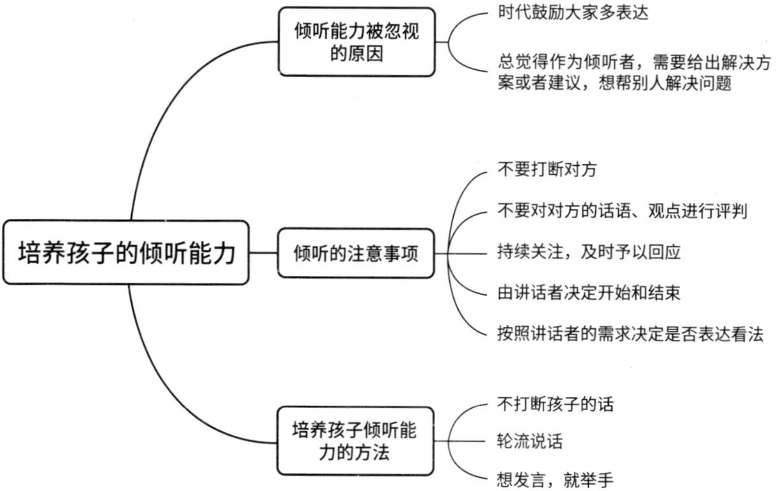

总结

倾听能力常常被忽视，但在人际交往中十分重要。培养孩子认真听别人说话的能力，可以让他迅速拉近与对方的距离，建立信任，在人际交往中获得有利地位。

勇敢说“不”，学会拒绝的艺术

美国有调查显示，在那些吸食毒品的未成年人中，有近8成的孩子是因为不会拒绝别人沾染上了毒品。

在生活中，有一类人非常不善于拒绝别人的要求，对于别人的请求一律默默接受，表面给人的印象是乐于助人，其实内心是担心拒绝别人会影响自己在别人心中的印象，从而造成人际关系紧张。

这种情况在孩子进入一个新环境（如新学校等）后非常容易发生。可一味应承别人，只会令自己背负太多不属于自己的责任，这无疑是不明智的，依靠这种方式换取的人际关系也并不健康。

小路是个有些内向的孩子，平时能够跟他玩在一起的小伙伴不多。其中，有个叫豆豆的孩子跟他格外投缘，两个小兄弟总在一起玩。

渐渐地，两个孩子长大了，到了十五六岁的年纪，俨然是两个大小伙子了。

有一天，豆豆心情不好，小路就跟他约好了去聊天散心。

原来，豆豆家里有一些变故，爸爸妈妈分开了，这对他来说有点难以接受。

聊着聊着，豆豆掏出一支烟，自己点上之后顺势掏出了一支递给小路。

小路看到后，礼貌地摇了摇头。

豆豆却说："没事，都是大人了，来一支。"

小路心里是拒绝的，可又不想驳豆豆的面子，想了一下，说："我最近嗓子疼，受不了这个。你也少抽，对身体不好。"

豆豆看了看他，笑着摇了摇头没有再坚持。

随着孩子年龄的增长，他们会越来越渴望独立，但是他们涉世未深，人生经验也有限，在想要证明"我长大了""我能行"的同时，并不能完全摆脱对成人的依赖。

在这个时候，孩子们的身边可能会逐渐出现一些诱惑。充满好奇心的他们，往往不能很好地辨识这些诱惑下面埋着什么样的种子。

所以，让孩子们学会拒绝的艺术，对他们的成长尤其重要。

但仅仅一句“不行”“我不要”未免有些生硬。大家不愿意拒绝别人，是因为担心损伤了原有的人际关系。这是可以理解的，因为没有人喜欢被拒绝。只要引导我们的孩子学会讲究方式方法，掌握好的时机，拒绝别人不仅不会伤害彼此的关系，让别人反感，反而可以有效地保护自己。

那么，究竟该如何教会孩子礼貌地拒绝别人呢?

1.帮助孩子建立足够的自信

学会拒绝的第一步是孩子建立了足够的自信。孩子有信心面对这个局面，并不过度担心伤害彼此的关系，就不会盲目地应承别人的要求。

2.引导孩子进行清晰的自我定位

引导孩子逐渐建立自我认识和自我定位，让他了解哪些事情是自己能力范围内的，哪些是能力范围之外的。如此一来，便可以有效地避免无法满足所有人而产生的焦虑。

3.重视家长的示范作用

很多年前有一个小品，名字叫《有事儿您说话》，里面丈夫的口头禅就是：有事儿您说话。不论别人要求他帮什么忙、办什么事，他都一口应下，结果给自己找了麻烦不说，事情也没有办成。

父母对于他人的要求所呈现出来的态度，会给孩子留下深刻的印象，产生深远的影响。当有人对孩子提出要求或者求助的时候，孩子的第一反应是按照父母所采取的方式去回应。

如果父母本身就喜欢揽事在自己身上，对自己的能力没有正确的评估，又不会拒绝人，那么孩子很可能也会模仿家长的处理方式。

4.拒绝的态度要坦率

拒绝的时候，与其躲躲闪闪，不如坦率地拒绝。真诚地表示自己无法完成，对方一般并不会那么难以接受，反而会觉得你这个人实话实说，很靠得住。

5. 拒绝的方式应该委婉

态度可以坦率，但是方式应该委婉。有些人就是喜欢直来直去，这样难免会有些伤人。不如换种说法，比如可以分析一下客观的原因，也可以共同思考问题的解决方案。

站在对方的角度考虑问题，帮助对方打开思路，拒绝将不再是个难以接受的事情。

6. 成为孩子的坚实后盾

很多时候孩子不敢拒绝，还有一个重要原因就是怕得罪对方，一旦发生冲突，担心自己的父母会苛责自己。万一对方恶人先告状，倒打一耙，到时候自己怕是有口难辩。

这种心态也从侧面反映了一件事，那就是很多家长一听到孩子跟别人发生了口角，就会忍不住发火，觉得孩子闯了祸，不分青红皂白就要教训孩子一顿。

在很多校园暴力、校园霸凌事件和一些未成年人犯罪中，起初都是因为被侵害的孩子跟家长、老师反映了，但是没有得到及时处理，结果情况更加严重。

所以恳请每一位家长、老师一定要提高警惕。针对这种情况，请一定保持冷静，擦亮眼睛。我们就是孩子拒绝不良诱惑的最后一道屏障，并且是孩子的坚实后盾。

当孩子遭遇不良诱惑或不合理要求时，一定要鼓励孩子勇敢拒绝，并且勇敢地跟家长、老师反映。我们要成为保护孩子的避风港，而不是压垮他们的最后一根稻草。

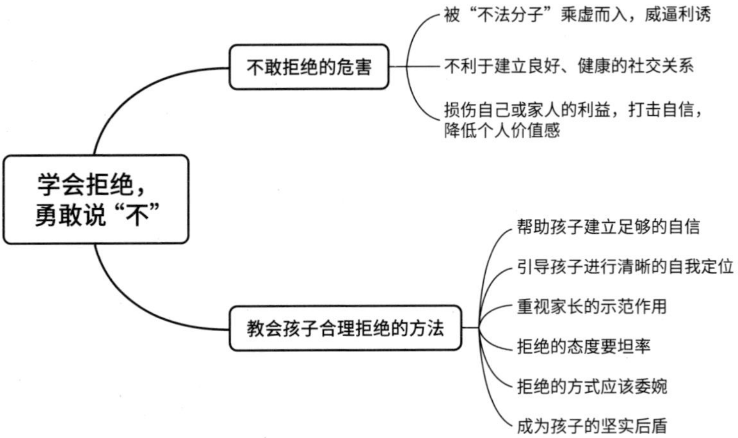

总结

社交环境是复杂的，有时候不全盘接受别人的请求，对孩子来说本身就是一种保护。孩子应该学会分辨什么时候接受，什么时候必须拒绝。拒绝别人的时候，也不要过度担心对人际关系的影响。只要态度坦诚，方式委婉，就能“双赢”。

第四章

学会自我调节，是情商的终极能力

一个人如果能够控制自己的激情、欲望和恐惧，那他就胜过国王。

——约翰·弥尔顿

每个情绪小怪兽背后，都藏着一个需求

西班牙著名绘本作家安娜·耶纳斯的作品《我的情绪小怪兽》近年来风靡全球。

书中讲述的是一个小怪兽，发现自己身上的颜色乱糟糟的，混在一起，感觉很不好。它的朋友—— 一个小女孩，告诉它身上的颜色混乱是因为它的情绪混杂在了一起。

之后小女孩教小怪兽用不同的颜色来代表不同的情绪。黄色代表开心，绿色代表平和，蓝色代表伤心，黑色代表害怕，红色代表生气。

经过这样的梳理，小怪兽慢慢变得不再混乱，通过颜色学着识别、梳理自己的情绪。这对于孩子来说，是非常简单直观的方法，而用小怪兽的形象来代表孩子“有了情绪”之后的样子，恐怕家长们也都是很有共鸣的。

“我家孩子总是因一点小事就哭个不停。”

“我儿子脾气特别大，总是控制不住自己。”

家长们对于孩子的情绪常常感到措手不及，孩子上一秒还在开心地大笑，下一秒就可能来一次“风暴”。而如何应对孩子的“情绪风暴”，则是另一个常常困扰家长们的问题。

有的家长喜欢使用“高压政策”，在孩子发脾气的时候，使用更大的声音、更严厉的方式，如冲孩子大吼或打孩子来制止孩子哭闹；有的家长喜欢使用“糖果政策”，孩子哭闹时就给点零食或打开动画片，注意力被转移了，孩子就不再哭闹了。

这样的方式也许短时间内是有效的。孩子的天性就是让自己舒适、快乐，所以“糖果政策”会让孩子听话一阵子。相对地，“高压政策”会让孩子感受到恐惧，所以为了逃避这种感觉，孩子也会暂时停止哭闹。

但长期使用可能失效甚至产生其他问题，因为这些方式并没有解决孩子情绪的根源——心理需求。

妮莎今天特别开心，因为妈妈会在家陪着她玩。正玩得开心的时候，突然有个电话打进来，于是妈妈让妮莎自己在一边玩，就去接听电话了。

妮莎玩了几分钟，看妈妈还在打电话，就有些失落。她跑到妈妈身边，说："妈妈，你在跟谁说话呀？"

妈妈一边听着电话，一边对妮莎摆了一个"嘘"的手势。

妮莎觉得自己没有引起妈妈的注意，于是过去拉妈妈的手，说："妈妈，你看我这个多漂亮。妈妈，妈妈……"

妈妈正在电话中沟通工作，妮莎一直缠着她，让她有些恼火，于是说："你去一边儿玩，妈妈打电话呢，没看到吗？"

妈妈这么一说，妮莎顿时觉得自己很委屈，妈妈生气的样子也让她很害怕，所以妮莎愣了一下，就"哇"的一声哭了起来。

她一哭闹，妈妈更烦躁了，匆匆挂了电话，一脸怒气地看着妮莎说："妈妈在打电话，你胡闹什么！怎么这么不听话！"

妮莎一听，哭得更厉害了。

妈妈看到妮莎哭得很伤心，又觉得内疚，觉得是自己说得太重了，于是过去抱住了妮莎。

妮莎开始还很委屈，可看到妈妈不打电话而是抱着她了，就觉得妈妈还是爱她的，于是渐渐恢复了平静。

妮莎用哭闹来打断妈妈打电话的行为在生活中非常普遍。有时候不是哭闹就是别的行为，例如跑过来摇晃你的手臂，或非要给你看她做的新玩具。

其实，这不过是孩子想要寻求妈妈的关注而采用的“小手段”。在孩子的世界里，妈妈接电话就意味着暂时丧失了妈妈的关注，所以才会自己想办法来“抢回”妈妈的专注点。

恰恰因为妮莎采用了一些笨拙又可爱的方式来吸引妈妈的注意，妈妈反而很生气。这样一来，妮莎不但没有达到目的，还挨了骂。妮莎当然觉得十分委屈，可这在妈妈看来妮莎就是无理取闹。

这么一看大家估计就明白了，孩子情绪的产生并不是无缘无故的，孩子有着自己的心理需求。

情绪源于一种在长期进化过程中形成的自我保护机制，用来促使我们迅速做出“战斗”或“逃跑”的反应，帮助人类在千百年的历史长河中生存下来。所以，情绪并不是真的小怪兽，而是我们的好朋友。

家长其实不需要害怕孩子的情绪。每个人都有情绪，它们就好像不同的天气一样，有时天晴有时雨，来得快去得也快。

孩子的“情绪风暴”袭来通常都在需求没有被满足的时候。由于控制情绪的脑部结构——前额叶皮质发育很慢，所以孩子常常不能像我们那样可以控制潮水般的情绪，而是会用最古老又最直接的方式——哭闹来表达。

我们要关注的是，孩子到底有什么样的心理需求，而我们是不是可以满足他们。

那么，孩子通常都会有什么样的心理需求需要我们关注呢？我们到底该如何应对呢？

1. 需要家长的关注

就像前面提到的妮莎一样，有时候孩子发脾气，仅仅是因为他觉得你不专心陪伴他了。

在孩子的心里，爸爸妈妈是不是把他放在很重要的位置，是不是真的用心陪着他，都是有感觉的。另外，现在二孩家庭很多，稍不注意，就会有一个孩子觉得自己“被忽视了”。

针对这种需求，我们可以从下面几方面入手来应对。

第一，在自己被情绪控制之前，多保持几秒钟的冷静时间来判断一下孩子是不是在寻求自己的关注。如果有可能是，那么不妨给孩子一个拥抱或深情的注视。

第二，当我们陪伴孩子的时候，请放下手机，全情地关注孩子。

第三，平时跟孩子玩玩角色扮演游戏，比如模拟有电话打进来，然后由家长扮演孩子来示范正确的做法；也可以跟孩子有一些小约定，如果电话打进来，孩子可以做些什么来等待。

第四，当打电话的时间较长时，可以安排孩子做一些小任务来吸引他的注意；当比较紧急且可预见会比较长的电话打进来时，可以先暂停电话，好好跟孩子沟通，可以说："妈妈现在有急事要处理，还记得咱们平时的约定吗？"

2.想要获得一些掌控感

随着孩子长大，自我意识逐渐成熟，他们会开始寻求掌控感，这一点我们在前面的内容中已经说过。如果爸爸妈妈事事都不允许孩子说了算，那么孩子势必会产生沮丧、愤怒等负面情绪，严重的还会产生自我怀疑，觉得自己能力不够，进而自暴自弃。

这个阶段特别重要，每个孩子都应该对自己的能力有所认知，这有助于其他能力的培养和孩子将来的发展。针对孩子这个阶段的心理需求，爸爸妈妈需要理解和做到的是：自我意识的建立是成长的必经阶段，也是孩子能自信、独立的基础，如果没有很好地完成这个过程，孩子是无法形成独立意识的；这个过程需要我们适度放手，认真听取孩子的意见，在最大范围内支持他们。

3. 感受，需要家长的认同

有时候，孩子产生不好的情绪可能仅仅是因为他的感受没有被认可，这也是很多爸爸妈妈平时可能会忽视的事情——感受也是需要认可的。

这里有一个误区，我们常常会要求孩子不要有那么多“想要”的：想看电视、想要吃巧克力、想要玩沙子……事实上，他们产生“想要”体验的欲望是再正常不过的。我们也常常想要这样、想要那样，只不过我们是成年人，可以抑制自己或者变相满足自己。而孩子是单纯的，他们的愿望很难自己去抑制，会产生“想要”的感觉，也会直白地表达出来。

有欲望或者“想要”的感觉是每个孩子正常的状态，可是，一旦他们的欲望没有得到满足，就会产生负面情绪。

不论孩子是生气、伤心还是愤怒，他的感受都是不好的。这样的感受需要被我们认可，而这并不意味着孩子是错的。如果孩子的感受和情绪得不到认可，孩子就等于一下子憋住了气，非常难受。

要想真正做到接纳，其实也并不容易。但是我们可以尝试从“看到”孩子的情绪入手。这时我们可以将孩子的情绪描述出来，跟孩子说：

“我看到你很生气。”

“你看上去很生气。”

“孩子，这件事确实让人很生气。”

当孩子的情绪和感受被接纳后，负面情绪就可以被释放掉，这样他们就丧失了做出不良行为的动力。

4. 需要家长的信任

随着孩子自我意识萌芽（2~3岁）、发展（6~8岁），孩子想要证明“我能行”的心情会越来越盛。

在这个阶段，孩子会很矛盾，一会儿觉得自己什么都能行，特别厉害；一会儿又会产生自我怀疑，想着“我到底是不是真的能行”。

在这种情况下，爸爸妈妈对于孩子能力的肯定和信任就显得格外重要。

如果一直得不到爸爸妈妈的信任，他们就会一次又一次地产生“证明自己能行”的想法。这种想法将会导致一系列我们心中的逆反、叛逆行为。

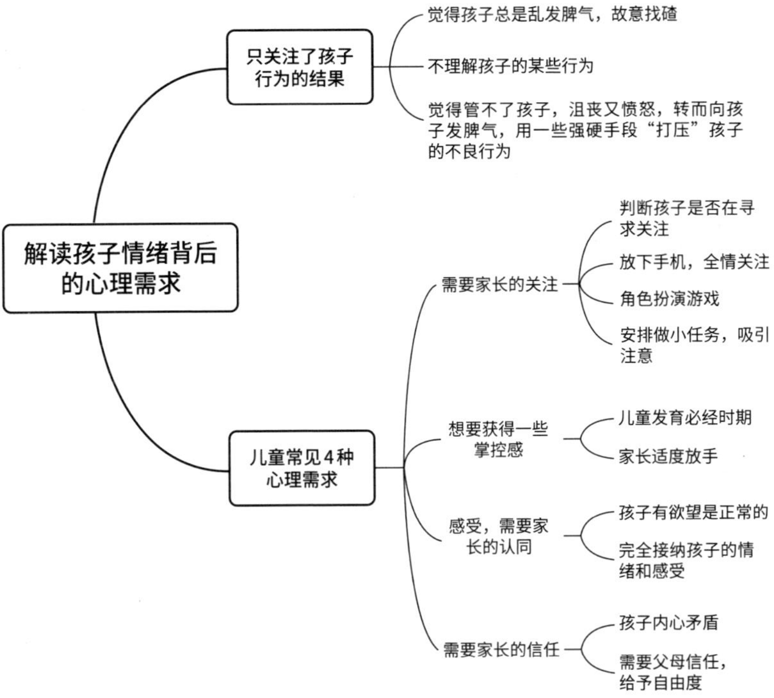

总结

孩子的心理需求得不到满足，孩子往往就会产生负面的情绪。他们会通过哭闹、发脾气等行为表现自己的不开心。家长在面对孩子的情绪时，不妨首先考虑一下孩子内心的需求，想想到底是哪些原因导致了孩子的“坏脾气”。

孩子的情绪不设限，行为要设限

很多家长被孩子的“坏脾气”弄得焦头烂额，一个很大的原因是孩子情绪来临时表现出的行为常会比较激烈。有的孩子会大声哭闹，还有的会满地打滚、摔东西、打人。一旦孩子出现这种比较激烈的情绪发泄行为，家长恐怕就会特别心急，想要孩子“熄火”。

还有很多父母觉得“男儿有泪不轻弹”“男子汉大丈夫，哭就是软弱无能”，所以会呵斥孩子，让他们停止哭泣。

这么一来，孩子的情绪看似暂时控制住了，但这些情绪就好像一个充气皮球。当你把它硬生生地关在内部的时候，你以为它消失了，殊不知它正躲在里面悄悄地“充气”，一旦遇到机会就会“爆炸”。

那么，为什么孩子在情绪爆发的时候会做出如此激烈的行为呢？前面我们说过，负责控制复杂情绪的是我们大脑的前额叶皮质。这里可以说是大脑各个部分中最晚发育成熟的部分。大部分人的前额叶皮质区域会在20～25岁这个阶段发育成熟。

所以，对于孩子来说，控制愤怒、伤心等负面情绪会显得尤其困难。他们在面对袭来的情绪时，往往只会采用最直接的方式去表达——怎么舒服就怎么来了。

小北今年5岁半，平时小北都很乖，唯一令妈妈头疼的就是小北发起脾气来就会打人，打妈妈、打姥姥，谁在身边就打谁。

妈妈觉得既苦恼又无奈，给小北讲道理的时候，他的反应看上去是听明白了，可他生气起来仍然会打人。

妈妈气急了也会打他，可很快就变成了两个人“对打”。

妈妈实在没有办法，选择了咨询。

经过了解，孩子爱打人的行为并不是没有缘由的。爸爸在生气的时候就常常打他。孩子的模仿能力很强，情绪一上来，下意识地就会采用爸爸的方法。

在后来的咨询过程中，爸爸和妈妈都很配合。同时，在小北平静的时候，妈妈逐渐帮他认识不同的情绪，让他知道生气、愤怒的时候，除了打人还有很多别的方式能够帮助自己缓解情绪。

三个月过后，小北渐渐不再打人了，转而用枕头发泄，或跟“情绪瓶子”说出自己的情绪。

我们已经对孩子的情绪有了一定的了解。情绪并没有所谓“好情绪”或者“坏情绪”之分，不过是我们每个人都会有的一种对外界的应激反应。

所以，作为家长大可不必为孩子的“情绪风暴”而头疼，这些情绪来得快，去得也快，真正需要帮助孩子规范的是有情绪时候的行为。

如何帮孩子更好地管理自我情绪，不再乱打乱闹呢？

1.帮助孩子识别、认识情绪

情绪的概念非常抽象，幼小的孩子对于抽象的概念存在理解上的困难。那么我们可以从感受上帮助他们认识自己的情绪，进而在情绪来临的时候他们可以知道自己处在什么状态。

比如，通过不同的颜色代表不同的心情，也可以利用不同的面部表情小卡片来帮助孩子通过面部辨识自己与他人的情绪。

在平时的亲子沟通中，也可以将我们的情绪说给孩子听，比如：

“妈妈今天特别开心，因为……”

“这件事听上去太让人伤心了。”

“这个小狮子好像很愤怒啊……”

2.请允许你的孩子哭

我们不建议强制止哭，但也不建议在孩子哭的时候说气话：“让他哭去吧！看他能哭多久！”

情绪需要释放，孩子最常用的方式就是哭，这是本能。可如果家长把孩子扔在一旁，让他一次哭个够，就会让孩子产生一种强烈的被抛弃感。

情绪只有发泄出来，才不会造成更多的伤害。如果在内心积压着，那么不在沉默中爆发，就会在沉默中“灭亡”。

这并不是危言耸听，常常有家长在心理咨询过程中突然想起自己的童年经历而痛哭流涕。这就是一种情绪被积压太久的情况。平时可能不觉得，一旦被勾起来，情绪就会决堤。

当然，我们希望孩子最终学会用语言表达情绪，但是这并不能一蹴而就，而需要一个长期的过程。

3. 用小游戏帮助孩子思考，当情绪袭来时可以做些什么

当孩子情绪比较平静的时候，跟孩子通过小游戏想想看：情绪不好的时候，有没有什么办法可以缓解、释放它。

我们可以引导孩子，让他来想想看，自己要做些什么，吃些什么，或者玩些什么。是出去玩滑梯，还是吃点巧克力，又或是听听音乐。

在一张纸上将孩子想到的都列出来，从中找出我们看来不合理的选择，例如在家使劲跳或砸东西。然后，跟孩子讨论一下这样做有什么不妥，他就可以慢慢学会如何从别人的角度去思考问题，衡量自己的做法会对别人产生何种影响。

4. 设置“冷静角”

设置“冷静角”的方法在国外比较流行，欧美国家普遍会采用这种方式帮助孩子重新回到冷静状态。

具体的方法是，请孩子说出在什么环境下他会比较容易感到快乐。例如，这个地方要有美丽的云彩，要有很大的星星。那我们就跟孩子一起去布置这样的一个地方，买一些装饰，准备一些道具，最终布置完成的地方就是可以让孩子的感受好起来的“冷

静角”。

“冷静角”的使用，需要遵循自愿原则。当孩子情绪激动的时候，我们可以引导他说：“妈妈看到你现在非常不开心，你想去让自己感觉好起来的那个地方吗？”

同时要注意的是，4岁以下的孩子不适合用这样的方式，因为他们的认知水平和自控能力还太差。这个年龄段的孩子通常都可以在情绪发泄过后，自己转变注意力或者产生新的兴趣点。

5.用绘本故事引导

现在有一些专门帮助孩子进行情绪认知、情绪管理的绘本。家长可以买来跟孩子一起读，将它们作为引导孩子情绪的工具。

要提醒家长注意的是，在共读的过程中一定要避免说教。不少家长会担心孩子没有看懂、理解绘本，所以就反复问孩子“你看懂了吗”“你说说有什么收获”“这本书讲的是什么呢？你来给我讲一遍”。

其实，孩子会通过自己对故事的感受理解情绪。如果丧失了兴趣，共读不仅不会帮到孩子，还会成为情商培养道路上的又一个绊脚石。

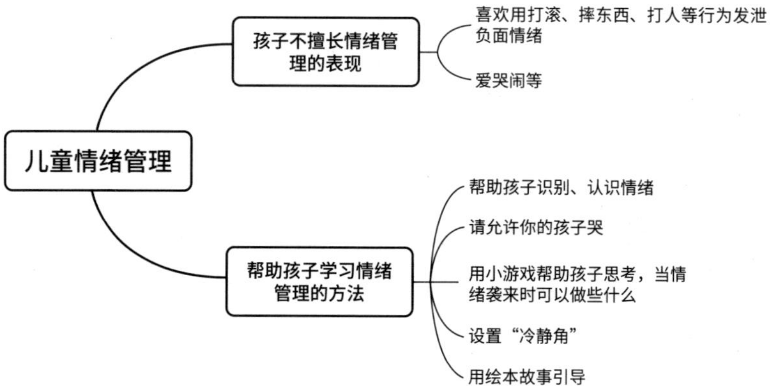

总结

每个人都会有情绪，家长应对孩子情绪的方法是对其进行接纳。不允许孩子表露情绪或强行制止孩子哭泣都是不合理的行为。同时，对于孩子情绪来临时的发泄方式，可以通过日常沟通和游戏化的方法进行规范。

学会自我安抚，远离失控和暴躁

高情商的孩子，不但可以处理好自己与他人的关系，更重要的是，他们能处理好与自己的关系。

在面对压力、恐惧、紧张的时候，每个人的承受能力是不同的。成年人积累了很多的社会经验，但在处理压力问题的时候，仍需要有很强的自我情绪管理能力和自我激励的方法，才可以有效地缓解压力与焦虑。所以，孩子在面对这类问题时，更加需要父母的帮助和引导。

能够做到自我安抚的孩子，在遭遇挫折、压力等考验时，会比较快地走出情绪的阴霾，认真反思，积极寻求解决方案。

这不仅要求孩子有较强的情绪管理能力，还要求有很强的自信心和解决问题的能力。

康乐是个7岁的小男孩，在暑假期间，妈妈带他去山海关游玩。他们参加的是妈妈公司的旅行团，一行20多人，康乐一直跟妈妈形影不离。

在山海关景点里面，游人增多了不少。人挤人的时候，康乐突然发现找不到妈妈了。恐惧瞬间充满了他的心。

这地方他从来没来过，更何况是在离家几百公里的地方，凭自己的能力也不可能顺利回到家里去。

在很慌乱的时候，他偷偷跟自己说："要镇定，妈妈肯定也在拼命找我。按照原来在家里说过的方案，我们如果走散了，我最好就在原地不动，妈妈一定可以找到我。"

这样想着，他就觉得好像不那么恐慌了。冷静下来以后，他在原地等待的同时，开始用目光不断地搜寻自己周围的人。他想到，只要能够看到妈妈公司的同事，他就安全了。

看了一圈，发现人太多了，他没办法找到眼熟的人。

这个时候，他又开始恐慌，时间越长他就越担心、越害怕。

"我该怎么办呢？这里不知道有没有广播站之类的地方。我要不要去找找看？"

一个又一个方案在他的小脑袋中冒出来。最后他决定，还是应该按照开始的方案做，等待妈妈找回来。

后来，没多久，他突然看到了一个妈妈的同事，于是立刻过去求助，很快就找到了妈妈。原来妈妈也在找他，只是不确定他们是在哪里走散的，于是只能一个地方一个地方地找。

孩子在不同的年龄阶段，自我安抚的能力、要求和训练方法均有所不同。根据儿童心理发展规律，6～12岁的儿童需要逐渐学习自我安抚，而0～6岁的孩子仍处在需要他人安抚的阶段。爸爸妈妈可以根据儿童不同阶段的发展特征，进行相应的家庭活动来对孩子进行引导。

想要孩子学会自我安抚，需要考虑以下3个方面的问题。

第一，帮助孩子建立安全感。孩子在需要被安抚的阶段就应该得到安抚。这样建立起来的安全感，对孩子日后的独立非常有帮助。一旦孩子缺乏安全感，会对身边的人缺乏基本的信任，想要提升情商，就难上加难了。所以，安全感可谓是孩子学会自我安抚的首要问题。

第二，帮助孩子建立自信。在遇到特殊情况的时候，孩子要相信自己能够很快恢复平静、解决问题。如果缺乏这样的自信和认知，就会陷入慌乱、不知所措，进而产生沮丧感，觉得自己没办法了，解决不了了。

第三，需要孩子有一定的问题解决能力。问题不是孩子自己觉得能解决就解决的，所以说这确实对孩子自身的能力有一定的要求。

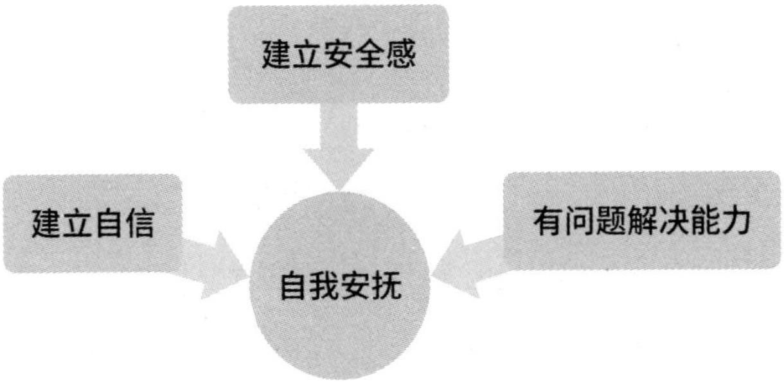

这么一来，帮助孩子学会自我安抚，其实就成了帮助孩子建立安全感的问题。

那么，我们怎么做才能够帮助孩子建立起安全感呢？

1.关注孩子的初始需求

孩子在小的时候会有很多需要被照顾的场景。这个时候，如果我们对于孩子正常的需求不予回应，孩子就很难建立起对身边人的信任感。

比如，婴儿哭一般都是有原因的，除了饿了、渴了、尿了……还有一种情况就是他们想要得到关注了。这是一种心理需求，是孩子天生就会有的一种初始需求。

有些人觉得孩子哭累了就不哭了，于是一直不去回应，那么孩子会感觉自己生活在不安定中，心理需要安抚却无人问津，这样就无法建立安全感。

2. 利用安抚物

很多孩子在小的时候会有一个特别喜欢的毯子、玩偶或者其他物件，不论是出门还是睡觉总是随身带着。这种东西通常就是孩子的安抚物，它会带给孩子安全感。

有不少孩子刚到幼儿园时都会带着安抚物，因为幼儿园对他们来说是个陌生的环境，在他们紧张的时候，安抚物可以极大地缓解这种紧张感。

所以，如果孩子进入一个地方或一个场景会产生紧张感，那么不妨尝试帮他们准备一个安抚物，这样就可以帮助他们建立安全感，有效地缓解焦虑。

3. 利用环境降低焦虑

强光会让人产生强烈不适，温暖昏暗的灯光则会缓解这种焦虑。

类似地，颜色也会改变人的感受。红色除了“热情”之外，还表示“警戒”，引起别人的注意，所以红色也会带给人紧张感。

孩子房间的墙面一般都会选用淡蓝、淡绿、淡黄这类颜色，这也是在利用环境平复孩子的心情。如果用红色，则孩子会焦躁不安，不利于休息。

4. 增强孩子的自主感

父母应多为孩子创造参与解决问题的机会，同时要对孩子的决策减少干预。孩子的自主感越强，越容易建立自信和掌控感。如果总是被干预，孩子会觉得自己是弱小、没有能力的。

5. 直面与孩子的分别，避免“偷偷”离开

有不少家长担心孩子知道自己要外出或离开后会哭闹，所以总会趁孩子不注意偷偷离开。

其实，这样的做法反而会让孩子丧失安全感。所以，在建立安全感阶段，我们需要克服对孩子哭闹的恐惧感，正式跟孩子道别，告知孩子自己要出去一下，要去何处，大概什么时候回来。

孩子开始时肯定会有难过的情绪，但是等待情绪过去，就会恢复平静了。

这样一来，不会给孩子造成“一不小心，爸妈就不见了”的恐慌，也不会影响孩子安全感的建立。

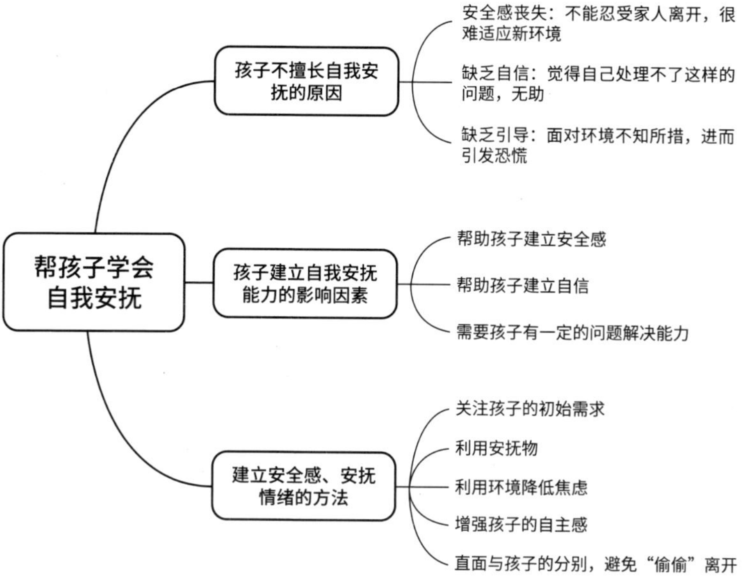

总结

一个可以做到自我安抚的孩子，是一个独立的孩子、一个可以承担责任的孩子。自我安抚的前提是孩子可以获得足够的安全感。家长可以根据孩子不同的成长阶段，利用不同的工具和方法来引导孩子。

让孩子有机会体验挫折

“抗挫折教育”是最近几年特别火爆的一个词。一旦家长发现孩子抗拒失败，也就是俗称的“输不起”，就会特别焦虑。

现实中，这样的情况相当多，尤其是在二孩家庭。因为两个宝宝常常陷入“比较”的状态，极易形成竞争，家长处理不当则很容易引发孩子对输赢产生错误的看法。

“我要吃比弟弟那块更大的蛋糕！”

“我吃得最快！”

“我要比姐姐先拿！”

其实，孩子们遇到的那些输赢对成人来说不值一提，可如果连这样的输赢孩子都面对不了的话，将来走入社会，该如何面对竞争和成败呢?

于是，有些家长为了锻炼孩子的抗挫折能力，从小就对孩子的求助不予回应，也从不肯定孩子的任何成绩，甚至人为地设置一些困难让孩子来体验挫败感。可是，这样做真的有用吗？

小包是一个5岁的小男孩，他小的时候身体较弱。身为护林员的爸爸为了训练小包，从他2岁多起便将他带进了山林里进行“生存训练”。

小包连续3年都没有走出大山。在这段时间里，他慢慢变得敏感而暴戾，随身带着刀子，并且下手力气很大。

长期生活在山林里，也导致小包与别的小朋友进行沟通时遇到了困难。

在他5岁半回到城市之后，家里安排他去了幼儿园。可是由于几年来的“训练”，小包已经很难跟别的小朋友正常相处了。

一旦发生冲突，他便会将其他小朋友打伤。

老师尝试与小包的爸爸沟通这个情况，但是小包爸爸说：“与其将来被别人欺负，不如从小就不怕欺负。我让他在野外生存，就是要训练他如何去面对那些凶险的状况。人生那么多危险，不如让他从小就见惯这些。”

听了这样的话，老师感到很无奈。

小包的故事也许是个比较极端的案例，却不得不引起我们的注意，锻炼抗挫折能力并不能简单地理解为“让孩子多经历挫折”。抗挫折能力是一种情绪管理能力和问题解决能力复合而成的综合能力。

这种能力考察的是孩子在遭遇挫折时能不能经得起打击以及打击所带来的压力。抗挫折能力差的孩子，在面对挫折的时候，往往会受到巨大冲击，而且这种冲击的后续影响时间长。情况严重的，甚至会导致孩子的心理和行为异常。

现在是几乎不用为了温饱而发愁的年代。这样的生活环境，决定了我们的孩子们基本上不会遇到太大的挫折。

于是，社会上产生了很多“温室里的花朵”，如果不加以训练和引导，孩子们很可能缺乏克服困难和挫折的能力和方法。

这样长大的孩子，即便是成年了，恐怕也仍旧难以处理遭遇挫折的痛苦。这就是为什么我们周围有些成年人遇到事情之后，会变得迷茫、颓废，久久不能振作。

所以家长们的担忧不无道理。可是，抗挫折教育并不等同于让孩子体验绝望。这二者有本质区别。

刻意不去理会哭泣中的孩子、孩子需要帮助却故意不管……以这样的方式教育，孩子感受到的并非挫折，而是绝望。尤其是低幼龄的孩子，在他们的世界里，父母是世界上最值得信赖的人，也是最可以依靠的人。被父母置之不理的孩子，感受到的是被抛弃，而不是战胜挫折的勇气。

那么，我们到底该如何在家庭中帮助孩子获得这方面的提升呢？可以尝试从下面几个方面帮助孩子。

1. 让孩子去体验正常的挫折，了解“失败的体验”

我们大可不必去给孩子设置复杂的障碍，非要让他们事事不顺利。他们在日常生活中，几乎天天都会遇到一些挫折：没有吃到想吃的冰激凌、没有买到心爱的玩具、作业不会做、小朋友不能一起玩……这些在成年人看来只是一些不值一提的小事情，可是它们带给孩子的挫折感却是真实的。

这种挫折是自然发生的，却可以充分被我们利用。这样的事情对孩子的人格建立和情商培养不会形成巨大的冲击，却可以细水长流般慢慢帮助他们逐渐成长。

这些小事情最重要的一个作用就是让孩子们体会什么是失败。这个失败是广义的失败，只要没有实现心中的愿望和满足，都可以叫作失败的体验。首先有了这样的自然体验，才能够有学习战胜它的机会。

2. 引导孩子将情绪和事件分开

抗挫折能力首先要求具备的能力，就是对失败产生的负面情绪进行管理。经历挫折和失败，一定会产生负面情绪，这种情绪会影响我们的思考和行为。所以，如何处理这种情绪，就变得非常重要。

当我们陪伴孩子经历情绪冲击的时候，要引导他们学会将情绪和事件分开处理。这要求我们首先要保持冷静，能够把重点放在解决问题上。这样一来，就不会陷在这种情绪冲击之中。

3. 帮助孩子练习归因

失败不要紧，只要尝试就可能会失败。重要的是，我们要帮助孩子分析失败的原因，这其实就是一个归因的过程。

归因，是人们对自己和他人的行为进行分析，推论其原因的过程。美国的社会心理学家海德最早提出，要满足理解世界和控制环境的需要，必须了解行为原因。

美国心理学家伯纳德·韦纳认为，人们对行为成败原因的分析可归纳为以下6个因素：

能力高低，自己评估个人对该项工作是否胜任；

努力程度，个人反省检讨在工作过程中是否尽力而为；

身心状况，工作过程中个人当时的身体及心情状况是否影响工作成效；

工作难度，凭个人经验判断该项工作的困难程度；

运气好坏，个人自认为此次各种成败是否与运气有关；

外界环境，个人自觉此次成败因素，除上述五项外，尚有其他有关人与事的影响因素（如别人帮助或评分不公等）。

韦纳将以上六个因素和三个维度结合起来，组成了“三维度模式”，如下表所示。

六因素	能力高低	努力程度	身心状况	工作难度	运气好坏	外界环境
三维度	内部的			外部的		
	稳定的	不稳定的	不稳定的	稳定的	不稳定的	不稳定的
	不可控的	可控的	不可控的	不可控的	不可控的	不可控的

很多时候，事情发展的成败其实存在很多原因。天气、路况、其他人的影响、学校老师的个人想法、活动主办方的偏好……有些是我们不可控的因素，有些是我们可控的因素。

我们要做的就是带着孩子一起进行分析，看看按照这三个维度和六个因素，都有哪些原因影响事情结果。其中，哪些事情是可控的，是我们通过自己努力就可以改变的，而哪些是我们无法控制、无法改变的。

对于可以改变的，我们就能够进行复盘，计划下一步如何提升成绩；对于无法改变的客观因素，经过我们的分析，孩子也会慢慢释然。

4. 提升自我认知

每个人都有自己擅长的东西，也都有优势和劣势。清楚地了解自己的强项和弱项，就能扬长避短，降低失败产生的焦虑。

5. 多读名人故事，知道失败没什么了不起

纵观历史上的中外名人，没有人的成功是一帆风顺的，对有些人来说，失败甚至就和家常便饭一样平常。

家喻户晓的爱迪生、居里夫人等科学家的故事，都在告诉我们大家都是一样的人。失败对我们来说，是每个人都会面对和经历的事情，没什么大不了。

6. 让孩子明白失败的背后隐藏着财富

失败给人的感受是不好的，却让我们增长了经验。能够大胆尝试，小心求证，这便是孩子独有的财富。明白了这一点，便不会惧怕或排斥失败了。

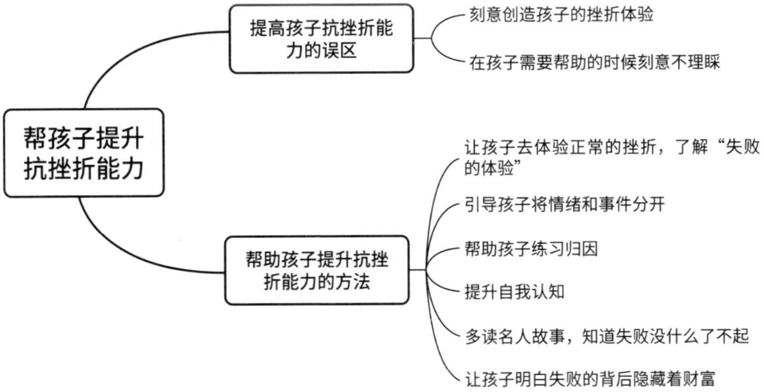

总结

一个人如何面对困境和挫折，是情商高低很直观的体现。我们可以关注孩子在日常生活中对正常挫折的体验和处理，不需要人为制造，也不能够撒手不管。我们撒手不管，只会让孩子失去希望。

挫折带给孩子的必然是一些消极的体验，也势必会产生一些悲观的情绪，这些都应该被理解和接纳。

独立思考，父母必须教会孩子的事

最近不少妈妈跟我反馈，孩子太依赖家长了，什么事都要家长帮着做，自己就像没手没脚一样，家长不论怎么“威逼利诱”就是不往前使劲。该是自己的事，就是不去做。

上钢琴课记不住五线谱，结果变成了妈妈拼命学，回家再一点一点地教孩子。

辅导班跟不上，妈妈就坐在后面旁听，拼命记笔记，回家再给孩子讲一遍。

作业能拖就拖，孩子做不出也不问，爸妈忍不住就帮着做了。

……

我们每个人都不可能一辈子陪着孩子，他终究需要自己去面对、处理很多事情。

每个父母都使出浑身解数想要把自己所有的人生经验都告诉

孩子，生怕他们走了自己曾走的弯路，踩了自己曾踩过的坑。却从没想过，如果我们一生只能教孩子一个技能，我们要教他们什么。

我认为那就是：教孩子学会独立思考。

在一辆地铁上有一对父子。孩子在利用乘地铁的时间完成作业，而爸爸在边上指导他。孩子遇到一道应用题，有些拿不准，迟迟没有下笔。爸爸在一边忍不住了，说道："你觉得这道题要怎么做呢？"

儿子答道："我觉得应该这样……"

刚说了两句，爸爸就一下打断了："你怎么能这么想呢？这里应该这样啊！你看这道题目，它说的是要求这个数对吧？那你看，就应该这样做啊……"

儿子虽然有点不服气，但也没反驳。

过了一会儿，又遇到一道题目不会。

爸爸说："这道题目你觉得要怎么做？"

儿子说："这个不就是这样吗……"

爸爸再次打断了儿子，说道："你真是气死我了，你怎么没看到这个陷阱呢？这明明要这样算啊……"

没多久，儿子又一次卡住了，这次爸爸再问他怎么想的时候，儿子说："我不会，没想法，你就直接说吧，反正我说的也不对。"

爸爸愣住了，一脸恨铁不成钢的表情，却半天没说出话。

这位爸爸在不知不觉中，一次又一次地让儿子丧失了独立思考的机会。但是他自己可能尚未意识到这个问题，站在爸爸的角度，他觉得孩子怎么这么简单的题目都不会做，真是越想越生气，于是一次又一次地打断孩子，不仅打断甚至还责备孩子。

在这样的情况下，孩子显然已经不愿意再次尝试了。因为尝试的结果对他来说就是一次又一次的挫败，那么别说是孩子了，就算是成人，也会退缩。

想让孩子学会独立思考，要做到以下三个方面。

首先，鼓励孩子勇敢表达。孩子有想法，我们就鼓励他们说出来，不让他们说的话，永远不知道思维的花到底有没有开出来。

在此过程中，还要注意避免不停地打击孩子，就像前面那个故事中的地铁男孩一样。当孩子画了一幅画，他想听到的是“哇，不错啊”，而不是“这天应该是蓝色的呀！这里不够直，这里画得太粗了”。

其次，还要保护孩子的创造力。孩子在成长的过程中，常常会有我们无法完全理解的情况，尤其是在他们的逻辑思维尚未发育完全的时候。孩子的思维常常是天马行空的，一下这里一下那里，毫无章法可言。

云朵可以吃，就像棉花糖；

汽车可以在天空飞，可以“变身”；

小猫咪会说话，可以跟我们一起玩过家家……

诸如此类的想象力，并不是每个成年人都可以理解的。有些父母可能会忍不住想要纠正孩子的一些看法，但这些正是孩子灵感的源泉，是想象力的爆发。

在他们的心中，世界就是如此有趣的。如果我们不尊重孩子的想象，他们的思维发展很可能被抑制。

最后，我们要给孩子足够的时间和空间观察、思考。

生活中，很多父母可能都会因为各种各样的原因，没有办法给孩子足够的时间和空间来让他们去完成自己脑中的活动。

在外面的时候，孩子要观察小蚂蚁，我们会催着他们快走。

春天叶子发芽，孩子发现了，想多看一会儿，我们可能会说：“快走吧，上学快迟到了。”

秋天落叶黄了，孩子问为什么，我们又说：“别看了，都掉地上了，脏死了，快回家吧！”

遗憾的是，孩子敏锐的观察和思考，就在我们的催促声中，一点一点地被磨灭掉了。

所以我们不妨拿出“拥有大把时间”的态度，慢下来，让孩子好好观察他们想观察的，我们也正好能够细细地观察孩子。人生一晃而逝，慢下来我们才能捕捉孩子成长的轨迹。

除此之外，在日常的养育过程中，爸爸妈妈们还要注意下面几个常见的陷阱，它们都会让孩子的独立思考过程受到阻碍。

1. 灭火器陷阱

一看到孩子陷入困境，父母就冲出来“解救”他们，就好像一个灭火器一样。这样的方式会让孩子形成一个预期：总会有人替自己解决问题。

这样的结果，就是孩子丧失了独立思考的动机，他们从来不认为自己需要来解决问题，也不认为自己有能力解决问题。

2. 速度陷阱

孩子很难接受等待这件事，但不代表他们一直无法接受。但有些家长认为，关爱孩子就是迅速满足他们的要求，所以一旦孩子出现问题就会立刻扑上去。这个类型的父母普遍认为，越快解决问题越好。

例如，孩子因为没有得到想要的玩具哭闹起来，那父母很可能会立刻心软，答应孩子的要求。这样做的结果，就是孩子完全没有参与思考和解决问题的过程。

可如果我们能够在了解孩子发展规律的基础上，适当地进行引导，逐渐帮助孩子学会面对等待，在出现问题的时候，可以尝试请孩子来给出问题解决的方案，那我们将更有机会培养一个可以独立思考和解决问题的孩子。

3. 压力陷阱

在抚养孩子的过程中，有些家长会参照别人家孩子的情况，给自己的孩子挑毛病，俗称“别人家孩子”问题。

这会让孩子们陷入一种压力，进而他们自然产生一种对抗、逆反心理，认为“我就是没有别人强，所以我想了也没用”。从而产生一种挫败感，不战而败。

4. 攀比陷阱

如果你会因为孩子的同学们都有，就给孩子买一些他不需要的东西，那么你很可能陷入了攀比陷阱。

这种情况非常容易出现在童年时期遭遇过严重物质匮乏的父母身上。他们的想法是：别人有的，我的孩子一样都不能少。

这种处理方式也会让孩子认为他的需要可以被无限满足，从而忘记了资源的有限性。当面对问题的时候，他们想当然就会觉得自己有无限的资源可以调用，世界上的人都应该来帮他。

5. 补偿陷阱

忙碌的家长有时会因没有足够的时间陪伴孩子而心怀内疚，于是对他们的要求总是极力满足，以此来弥补自己时间不够的影响。

孩子提出任何要求，这类父母都会尽可能满足，总觉得是自己亏欠孩子在先，在时间上弥补不了，就从物质上弥补。

殊不知，这并不能真的改善亲子关系或者对孩子有帮助，反而会让他们无法学会感恩，也无法学会负责任。

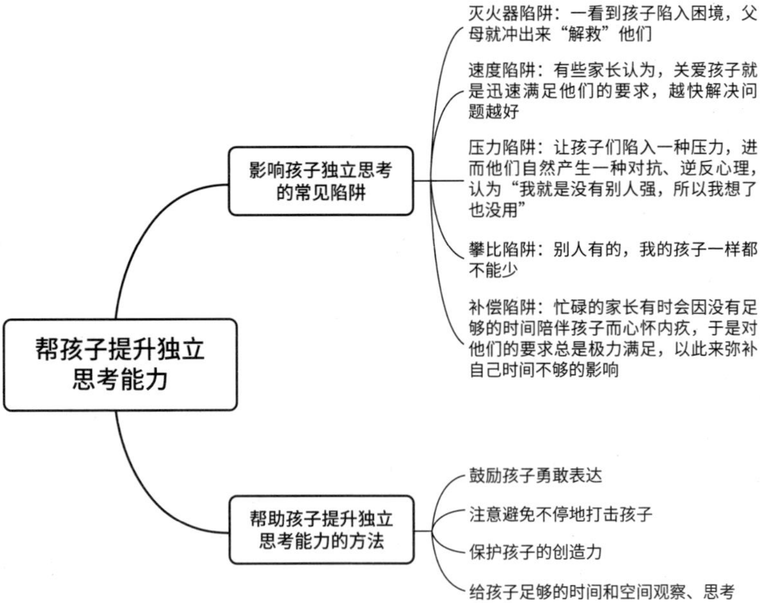

总结

对孩子来说，最重要的能力当属独立思考能力。父母们不仅要注意避开较易陷入的陷阱，还应该给孩子足够的时间和空间来让他们自己观察和思考。一味帮助孩子解决问题，对孩子的成长并无帮助。

创新思维，换个角度看问题

在接待咨询的过程中，我们常常发现，有抑郁或焦虑倾向的孩子，往往伴随着一个问题：看问题的角度太单一。在他们的世界里，事情像一枚硬币，非黑即白。

孩子的认知发展需要一个过程，在他们的世界观尚未完全建立之前，他们看待事情的确是非黑即白的。在这个阶段的孩子，往往是正义感爆棚，对的就是对的，错的就是错的。饭前便后要洗手，这个妈妈说过，老师也说过，绝对不能更改。如果有小朋友不遵守，那就必须告诉老师。

这个过程会随着孩子的认知和社会活动不断发展，看问题由单一的角度逐渐过渡到多维角度。这个过程就是世界观、人生观、价值观逐渐完善的过程。可是有一部分孩子，在这个过程中没有被很好地引导，于是看问题的角度仍然非常单一。这样的孩子，常常爱钻牛角尖，遇到困难容易产生怨天尤人的消极情绪，并且总觉得事情无论如何也解决不了，走进了死胡同。

其实在培养情商的过程中，我们还需要警惕惯性思维和固化思维。打破定式思维，对于孩子来说也是非常重要的一个能力。

同时，我们也要相信孩子的潜能，放手让他们去解决问题，这样才有可能激活他们的创造力。

迪迪马上5岁了，他最近几天总是忘记睡前刷牙。每次都是刚躺下就想起来要刷牙，还要专门爬起来再去刷。妈妈为了帮助他练习自理能力，刻意没有提醒他。

一天临睡前，迪迪又发现自己忘记了刷牙。于是开始抱怨："妈妈，我怎么总是忘记刷牙呀？"

妈妈说："哦，好像确实是这样啊。"

迪迪说："这样我还要在临睡前从被窝里爬起来去卫生间。这也太麻烦了。"

妈妈听到这里，知道迪迪已经开始思考了，于是问道："那你打算怎么办呢？有没有什么好办法？"

迪迪想了想说："我有一个好办法！我们用一个大大的白纸，画上一个大大的小人代表我，然后再画一个牙刷。下面做上两个标志，一个√，一个×。要是我刷过牙了，就在第一个符号那里画一个圈，如果哪天没有刷牙，就在第二个符号上画圈，妈妈你说好不好？”

妈妈听完之后也很惊喜，原来孩子自己想出来的办法竟然这么棒！

这其实就是孩子自己发挥想象和创造力之后的力量。

孩子在成长过程中，由于认知和社会经验不足，常常会采用单一角度看问题。如果我们没有注意引导，很可能发展成前文提到的情况——陷入思维死角，整个世界非对即错，非黑即白，看法非常狭隘。

同时，对于孩子来说，思维习惯一旦形成，就很难打破，这其实就是惯性思维和固化思维对我们的影响。

其实只要多多尝试转换角度，就能看到问题的多方面，也更加有包容心和同理心。

不妨试试下面这些方法，从小就帮助孩子从多角度看待问题。

一是利用童话故事，让孩子体验不同角色。我们小时候听故事，如白雪公主、灰姑娘等，常常疾恶如仇，觉得坏人就是特别讨厌，例如那个给白雪公主吃毒苹果的老太婆，还有灰姑娘的两个姐姐。

可如果换个角度，如果我们变成那个老太婆，变成灰姑娘的姐姐，那又会有怎样的感受和想法呢？

二是利用历史故事和文学故事，提出开放性问题，改写结局。历史已成定局，可我们的思维不是。我们可以在给孩子讲历史故事或文学故事的时候，设置一些开放性问题。

所谓开放性的问题，就是没有确切答案的问题。

例如，大家比较熟悉的历史故事——鸿门宴，如果刘邦没有成功逃走，那么后续将如何发展呢?

想要培养创新思维，除了引导孩子从多角度看待问题，还应该注意在日常生活中保护他们的创意。

很多孩子在逐渐长大的过程中，慢慢变得不再愿意尝试，也不再敢于创新。这其中有些原因可能是我们在陪伴孩子的时候没有注意到的。

例如，马上要到出门时间，孩子突然有了一个创意，这种时候我们可能就会下意识地催促孩子，而忽略了他们的创造力火花。

那么，在日常生活中，我们如何做才能培养和保护孩子的创新思维呢？可以从下面的几方面入手。

1.培养孩子的观察能力

观察能力对一个孩子非常重要，可以说是创新的基础。孩子只有在仔细观察之后，才能发现区别，提出疑问。

一旦孩子提出疑问，他已经开始思考；只有开始思考，才有可能创新。

比如，有个孩子突然问道："妈妈，为什么汽车的轮子不是方形的？"

这看似是一个简单的问题，其实刚好说明他进行过认真的观察。很多事情在大人眼中是习以为常的，但是孩子通过观察，却能看出一些"新问题"。

2. 允许孩子提出看似不合逻辑的看法

孩子在年幼的时候，没有很强的逻辑性，常常分不清昨天、明天，也记不准地点，甚至会将梦境、绘本中的故事挪到现实中。

从孩子的画中，也可以看出很多天马行空的想法、配色，这些完全不按照成人的逻辑设计。蓝色的云、粉红色的天空、黄色的树……这就是孩子的世界。

正是这样的不合常理，有时候却能出其不意地解决问题。为什么汽车不能飞呢？如果汽车可以飞起来，堵车可能就不那么严重了。

如果是成年人，对于这个话题一定会有一堆的看法：

"汽车飞起来，交通就没有规则了啊。"

"会撞到吧？"

"那速度太快，太危险了。"

"功能太复杂，容易坏。"

"那肯定特别贵吧？"

……

总之，在我们的观念里，这是件不可能的事情，而且会引发混乱。可是，你也许还不知道，这样的汽车已经问世了，目前正处于测试阶段。

也许正是孩子这些看似不可能的想法，才促使很多新的创意产生。这些创意又推动了科技飞速的发展。

3. 提供必要的资料支持

孩子毕竟是孩子，了解和掌握的知识非常有限，这也是我们引导的好机会。除了提供直接的答案，更好的方式是跟孩子一起查阅资料，例如查阅字典、网站，还可以去图书馆、绘本馆等地方收集必要的信息。

这样不仅可以解决孩子在知识上的缺漏，还能教给孩子遇到问题应该如何找到答案，授之以渔更加重要。

4. 帮助孩子设法验证自己的想法

爱迪生发明灯泡的故事大家都不陌生，为了验证灯丝的材料，他进行过一千多次实验。

当孩子有了好的创意，我们也应该帮他创造必要的条件来设法验证。这样会促使他更加深入地思考，再次迸发新的创意，形成思考—求证的良性循环。

5. 当时间不允许的时候，先记录下来

跟孩子在一起的时候，常常会面临要出门或者有突发情况，此时并不适合孩子在当下的情况中持续观察或者思考。

这时候，我们可以帮助孩子先行记录灵感，之后再找合适的时机继续完善之前的创意。这样既可以避免灵感一闪而过，又可以满足我们在时间或空间上的安排。

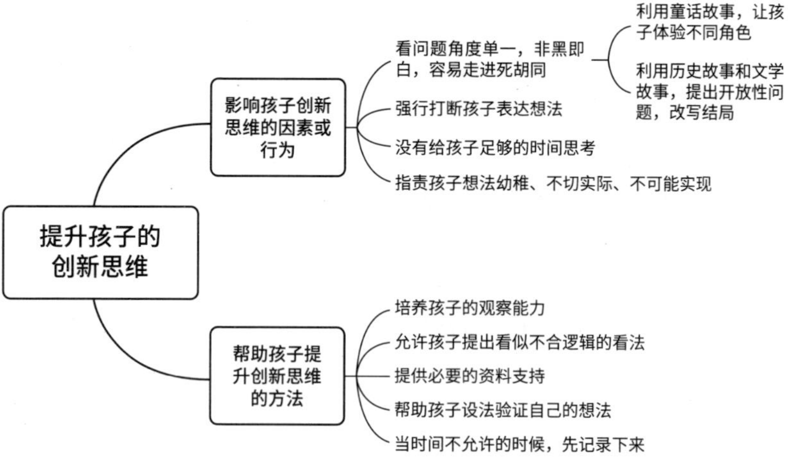

总结

孩子的想法看似天马行空，却藏着万千创意。想要发展孩子的创新思维，除了给他们机会多多观察、思考外，还可以培养他们从多角度去思考问题。

在生活中，尽量提供机会引导、陪伴孩子收集资料，验证他的设想；尽量避免打断孩子的思考过程，或对他的创意进行负面评价。

第五章

情商养育，父母是孩子的第一任老师

父母是孩子的第一任老师，父母若放任孩子不管，孩子的恶习一旦养成，学校不知要花多少时间和精力来对他进行“再教育”，这对孩子、家庭和学校都是巨大的损失。

——苏霍姆林斯基

培养孩子的情商，家庭是第一学校

也许有人会说，孩子还小，还不到需要考虑情商的时候。

小朋友在成长开始的几年几乎都生活在家里，接触的就是几个家人，好像也没有什么社交，所以自然不需要考虑情商那么复杂的事情。

等到他们上了学，天天和同学们在一起，接触多了自然会有所体悟，老师也会帮忙管管。那个时候孩子大了，也能听进去话了，再谈培养情商是否更有效？

实际上，我们从丹尼尔·戈尔曼给出的情商定义中可以看出，情商并不仅仅指社交的问题，还有如何处理跟自己的关系等问题。同时，幼儿也并非没有社交活动。

从发展心理学的角度来看，最早的“人际关系”就是在跟妈妈的互动过程中建立的依恋关系。只不过相对来说，这时候的应用场景比较单一。孩子每天的活动基本集中在吃饭、喝水、玩耍、换尿片、睡觉这几件事情上，接触的也是相对固定的陪伴者或者养育者。

事实上，就在这个过程中，孩子的情商训练已经悄无声息地开始了。孩子在0～6岁时，大脑处在飞速发展的阶段，每天都会生出数千万个神经元。在这个时候对孩子的一些引导将会对孩子人格的形成产生直接的影响。

6～12岁的孩子已经具备基本的认知能力，这时正是塑造性格和行为的好时机。如果家长一直不加引导地任其发展，那么孩子极有可能给未来的人生埋下“不良种子”。

一天，幼儿园老师给洋洋的妈妈打电话，说洋洋生气的时候咬了另一个小朋友。妈妈听了很着急，却也没有办法。

妈妈还跟老师说，洋洋在家就这样。在家里的时候，没有人敢惹他，他稍微不高兴就会咬人。妈妈也不知道该怎么办，只能随着他，尽量顺着他的意思来。

不仅如此，在洋洋特别害怕或者不知所措的时候，也喜欢咬东西，手边没有东西就会咬手指。

后来妈妈求助了咨询师。经过咨询，她了解到，这种情况的产生很可能是因为洋洋不知道他在紧张、愤怒或者经历类似情绪的时候还可以做些什么。

也就是说，家人并没有对洋洋进行有效的情绪处理引导，而是采用了尽量避免他生气这样的消极方式。

了解到了原因，就有办法“对症下药”了。

在洋洋平静的时候，妈妈会跟他玩一玩角色扮演的游戏，也会问他不开心的时候做些什么可以让他的感觉好起来。还会定期玩情绪脸谱的猜猜看游戏，引导洋洋分辨不同的情绪。

渐渐地，洋洋开始能够用语言准确描述一些情绪的名称了，例如沮丧、失望、兴奋，还可以根据不同的情绪编一些小故事，跟妈妈一起玩“情绪猜猜看”。

在这个过程中，妈妈会跟洋洋一起设计“选择轮”，来明确生气的时候可以做些什么来缓解自己的怒气；紧张的时候，如果不咬手指，还可以做些什么来缓解紧张感。

后来，有一次幼儿园的小朋友弄坏了一个玩具，大哭起来。洋洋看到以后，主动过去安慰对方，说：“你可以想想有什么事情能够让你开心，你就不会那么难过了。”

在这个过程中，洋洋不仅学会了如何面对自己的情绪，还学会了体会别人的情绪，产生同理心。后来，他也渐渐不会咬手指或者别的东西了，因为在跟妈妈的游戏中，他学会了很多办法来处理内心的紧张和不适感。

对于洋洋的变化，妈妈和老师都非常欣慰。

可见，情商并不是与生俱来的，需要家长从孩子小时候开始，一点点地进行引导。这个过程，不仅需要耐心，还需要方式方法。

1.多分析孩子行为背后的原因

孩子每个行为的背后都有他的心理原因。幼儿和儿童的认知水平受发展规律的影响，他们尚无法妥善处理复杂情绪带来的影响，也常常无法采用适宜的行为来表达。

这个时候，家长需要对孩子的行为进行分析，不能只简单地处理孩子的行为，而应该处理心理需求。

案例中的洋洋并非天生喜欢咬人，也并非攻击性强或者是坏孩子。他只是无法正确表达自己的不良情绪。如果家长没有看到这背后的原因，只是着眼于改变洋洋咬人的行为，那很可能试了各种方法都是徒劳。

这时候，要是忍不住给洋洋贴上“坏孩子”之类的标签，想要扭转他的行为，就难上加难了。

如果家长知道了孩子这么做背后的原因，那么不仅可以有的放矢，还会产生很多解决方案的灵感。

2. 家长利用榜样的力量示范如何应对类似的情况

家庭教育之所以重要，就是因为孩子会完全模仿家长处理问题的方法。在我们的大脑中，有一种神经元叫作镜像神经元。这个部分的作用就是让我们对自己看到的行为产生类似“照镜子”的效应，快速地模仿学习。

这么神奇的设计到底是为了什么呢？其实，它的产生是为了人类在漫长的进化过程中更加快速地存活下来。

在远古时代，人类生活的环境危机四伏。这个时候的人类需要快速地学习让自己能够“活下来”的一切本领。如果看到一个人能够制作打猎的工具，那其他人通过模仿很快也能够掌握。

正是因为这样，才能够保证大部分的人类快速安全地存活下来。

现在我们生活的环境今非昔比，可是这神奇的镜像神经元却在我们的大脑中留存了下来。

刚出生不久的孩子，已经可以模仿他看到的动作了。随着孩子长大，这种模仿现象会越来越多，越来越频繁。

这种时候，家长不妨利用这一点，亲自示范给孩子看。在遇到紧张、愤怒、沮丧等情绪的时候，身为家长是如何处理的呢？

当我们可以采用妥善的方式时，孩子就会慢慢学会并内化，将它们不知不觉地变成自己未来处理问题的方法。

3. 将问题场景带入游戏

在问题发生的当下，也许不论是家长还是孩子，都很难保持冷静，气氛也会一度变得紧张。不妨等到大家都平静的时候，通过一些游戏进行有效的引导。对孩子来说，语言系统尚未完善，可游戏天然就是孩子的语言。孩子在游戏中更加容易打开自己，释放情绪，学习新东西。

别小看孩子的学前生活阶段，孩子上了幼儿园就等同于一下子被“扔”进了各种社交场景里面。

在此之前的长期家庭生活中，孩子已经形成了一定的行为模式。如果没有正确的引导，他们在突然面对复杂的社交场景又不会处理时，只能凭直觉使用原先在家里的行为模式去应对。

每个家庭都有自己独特的沟通和处理问题的方式，家庭内部的规则和社交场合的规则又不尽相同。这会导致孩子茫然无措，进而引发挫败感，对孩子的心理发展产生负面影响。

同时，孩子在家的种种习惯和为人处世的方式，在以幼儿园作为开始的社交环境中，统统都会被加强，这对他们来说将会是巨大的挑战。

环境区分	年龄段	影响范围	不良后果
家庭情商培养	0～12岁（黄金期）	社会、情感、家庭、职场	影响心理发展，影响人格形成，降低自信，影响社会成就
学校教育	6～18岁（学校教育）	学业	影响学龄阶段的发展

等到孩子进入学龄阶段，他们在学校接受的教育更多的还是在知识层面。老师的责任更多的是教授和指导学习。所以，情商培养这个责任恐怕还是要家长来背了。

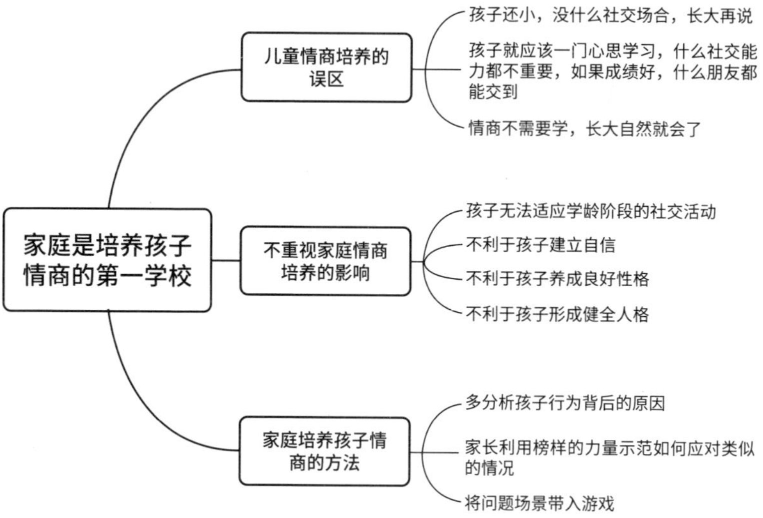

总结

作为家长，需要明确培养情商是家长的责任，而不是老师的责任；培养情商的黄金期是在0～12岁；如果孩子得不到有效的引导，身处复杂社交环境时将很可能无法妥善处理。

父母的自我管理，是培养孩子情商的开始

情商中情字占据很大的比重。这个情主要就是指情绪。父母要做好自我管理，首要的问题就是要处理好自己的情绪，因为我们处理自己情绪的方式就是将来孩子处理他们情绪的方式。

情绪，是人类在进化过程中为了保护自己而衍生出来的一种东西。它是一套快捷方式，可以让我们在最短的时间内进入战斗状态。

最原始的情绪有两种处理方式，分别是“战斗”和“逃跑”。这种设置跟镜像神经元类似，都是为了让我们躲避天敌，在复杂的生存环境里获取一席之地。

现在的生存环境发生了翻天覆地的变化，我们再也不需要成

天紧张兮兮地躲避野兽和敌人。相应地，我们的情绪处理方式也需要发生一定的改变才可以适应当今的环境。

如果没有良好的情绪管理能力，一感到愤怒就攻击别人，那么不仅不可能拥有良好的社会关系，更加谈不上具有情商。而这样的方式，不仅会影响我们自己，还会影响到孩子。

由于之前我们在受教育阶段形成的知识框架并不覆盖这部分内容，以及受到传统文化的影响，成年人对待情绪的处理方式一般都是忍着不发作，或者自己慢慢消化。殊不知，这样的方式会给之后情绪的爆发埋下危险的导火索。

小斌是一个7岁的男孩子。有一次妈妈带他去一个阿姨家做客。阿姨家有一个5岁的弟弟。大人们一见面就聊了起来，两个小男孩自然也就玩在了一起。

没过多久，就听到两个孩子扭打起来。妈妈一回头，就看到小斌使劲推开弟弟，还探过身去打了他几下。弟弟躲不开，大哭起来。

妈妈一看，一边赶快过来制止，一边心里生气：这还怎么得了？在别人家打人家孩子，别人肯定会觉得她没教好孩子。当着别人的面，又不好发作得太厉害，怕让人家看了笑话。可不打骂两句，又不解气。

她一把拉过小斌，直接在屁股上狠狠打了几下，然后呵斥道：“你真是长本事了啊！还学会打人了？赶快过来给弟弟道歉！”

看到妈妈不分青红皂白就责骂自己，还挨了打，小斌伤心之余更生气了，不禁大喊道：“我凭什么道歉！我才不道歉呢！我没错！”

妈妈一听小斌竟然还当众顶撞自己，之前强忍的火一下子爆发出来：“你这个小崽子，几天不收拾你就上房揭瓦了！看我不揍死你！”说着就要拿东西打小斌。

小斌一看又生气又害怕，可还是不道歉，直挺挺地站在那里，也不躲。

旁边的阿姨看不下去，赶紧过来拦着小斌妈妈。

其实，在面对孩子的不当行为时，家长特别容易带入自己的情绪，不问事情的原委，就先是一顿责骂或埋怨。

越来越多的父母了解到，孩子是通过模仿来学习的。正所谓上行下效，父母的示范作用和榜样力量，比教科书上的指导意见更有作用。

很多父母都表示，自己小时候经常经历爸爸妈妈（或其中一人）的情绪爆发。作为孩子，每次都下定决心，将来一定不能成为那样的人，不能无缘无故地对孩子发脾气，多听听孩子的心声。可是等自己成了父母，竟然无法控制情绪，一遇到孩子不听话就像火山爆发似的，什么伤人的话都会脱口而出。事后，看着孩子的睡脸，摸摸他们的小手，又自责不已。这仿佛陷入了一个怪圈，怎么也跳不出来。

既然父母的情绪管理这么重要，现在就把这缺失的一课补上吧！想要更好地应对情绪的冲击，不妨试试下面几个方法。

1. 客观看待情绪

首先明确，情绪并不是什么坏东西，它的存在是为了保护我们。这样我们从心理上会更加容易接受自己的情绪。接纳自己，接纳情绪，才能更好地完成自我管理。

那么，怎么才能真正做到接纳情绪呢？

不论是喜笑颜开还是怒发冲冠，都不过是一时的感受。情绪没有好坏，也没有对错，只是一种像风雨袭来一般的现象。静静地跟自己的情绪相处一会儿，等待“雨过天晴”。

2. 记录自我情绪，找到导火索

每次发火之后，或者感受到非常消极的情绪时，都可以记录下来。用不了多久就会发现，我们发脾气也好，生气也好，都有规律可循。

这时我们往往会发现，自己情绪的引爆点其实都是相似的事件。这将为我们管理自己的情绪提供可靠的依据。

例如，有些人一遇到孩子乱扔食物就会格外生气，还有人最忍受不了孩子没礼貌、顶撞大人……

这些都可以是我们自我察觉的线索。有些人生气并不单纯是因为孩子的做法有多么不妥，也有可能是因为小时候的某些经历让他格外敏感。

不过，不论什么原因，了解自己情绪的导火索都是一件很有价值和意义的事情。

3.进行情绪预测

每个人在情绪爆发之前，有几秒到十几秒的时间可以预感到自己马上要发火了。在这个宝贵的时间里，我们要做的是认真体会自己的情绪。

一般情况下，我们所认为的愤怒并不是第一感受，通常都是由失望、沮丧、难过等引发的。

所以，积极了解情绪的种类，认真辨识自己的情绪，将非常有助于我们恢复冷静。

4. 有效预防情绪被引爆

经过一段时间的记录和辨识，相信大家已经掌握了自己情绪的开关。这样一来，我们就可以在自己即将因为同样的导火索导致情绪爆发之前有所感知。

一旦察觉自己即将被爆发的情绪潮水所淹没，那么我们马上就可以采用一些有效手段来进行预防或缓解。

5. 列出你的情绪解药

在心情平静的时候，列出至少10种能让自己情绪好起来的办法，这就是我们所说的情绪解药。这种解药的使用有一个条件——它们发挥作用的时候，不能依赖其他人。

例如，你的情绪解药是“看电影”。那意味着，当你情绪非常不好的时候，你可以通过看电影去缓解。但是去看电影的时候，应不需要同伴陪同就可以自己去。

这样的设计，是为了在不求助别人的情况下，让自己的情绪得到缓解。

10种情绪解药并不算多，只要你愿意，你想到的办法会多得多。例如，听音乐、逛街、吃甜品、看电视剧、读书、画画、喝咖啡、做瑜伽、冥想……

当你感觉马上要被情绪控制的时候，想想自己可以采取哪些方法改变自己的情绪体验，让自己开心起来。

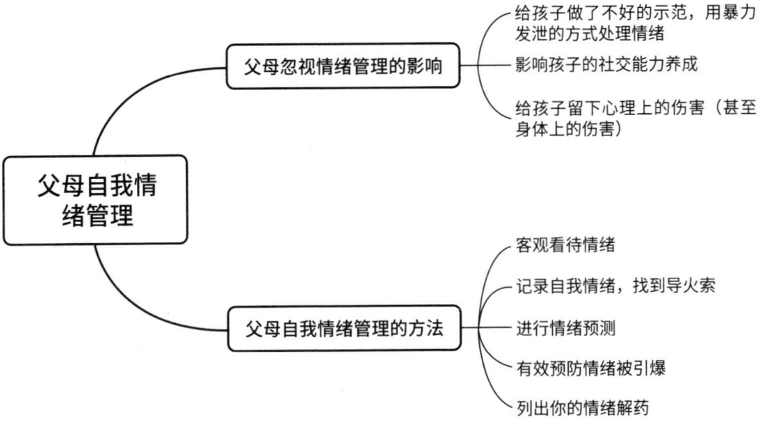

总结

我们可以坦然面对自己的情绪无疑是给孩子做出了表率。但这并不是说我们不可以对孩子发火，而是我们可以用正确的方式表达自己的情绪。

我们的目标并不是做满分父母，而是希望在处理情绪方面可以在家庭环境中起到示范作用。

失败的是事情，而不是人生

常有爸爸妈妈说，自己的孩子很让人崩溃，要么是学习成绩上不去，要么就是考试总是在同一类问题上“踩坑”。

爸爸妈妈恨铁不成钢，又因为现在竞争激烈，难免被焦虑情绪所包围。这样一来，更加容易对孩子产生愤怒、沮丧、失望的情绪，并可能会对自己的教育方式产生怀疑。

这个时候，稍微控制不住，就可能会使用比较伤人的语言来攻击孩子。更有些家长，情绪上来了，可能还会对孩子破口大骂。

孩子犯了错误也好，失败了也罢，都是成长路上不可避免的经历。那么，面对孩子的错误或者失误，我们究竟该持一种什么态度呢？

鑫鑫爸爸非常恼火，因为鑫鑫的期末考试成绩很差，尤其是数学，排名比学期开始的时候倒退了十几名。

“这个题都跟你讲了多少遍了，怎么还能错？！你脑子喂了猪了？”

鑫鑫听着爸爸的责骂，不敢说话。

“你真是把我气死了，你看看人家丽丽，人家怎么就能够在年级前十呢？都是一个脑袋俩眼睛，你说说你们到底差在哪里了呢？

“这马上就要准备升学考试了，你才上小学，数学就这么差劲，以后可怎么办？唉，算了，我看你将来也没什么出息了，简直就是猪脑子。”

鑫鑫默默地听着爸爸的责骂，其实他看到试卷的时候也十分难受。有一个类型的题目，他一直都没有理解，所以复习的时候干脆背了例题。结果考题稍微有点变化，他果然就没解出来。

那个时候已经想到，等着他的会是一场“暴风雨”。

可是听到爸爸骂他的话，鑫鑫还是觉得心里有说不出的难过。他最亲的人亲口断言他没有未来，也不会有什么成就。这让他觉得很伤心，感到自己被世界抛弃了。

每位爸爸妈妈迎来自己的小天使时，对于他/她都是发自内心地疼爱，恨不得把天上的月亮、星星摘下来送给他/她。可随着宝宝长大，面临的问题越来越多，小天使渐渐变成了“小怪兽”，很多家长也随之越来越焦虑、暴躁。

孩子好像总是不听话，还常常跟我们反着来，爸爸妈妈说往东，他们偏偏往西，真是十分气人。那些责骂、埋怨的话，就这样不知不觉地冲着孩子来了。

在家长这样对待孩子的时候，孩子又是如何看待家长的呢?

曾经有人做过一个很感人的视频，当主持人询问家长们，自己的孩子有什么缺点的时候，每个妈妈都会数落出一堆自己孩子“不够好”的地方。可是当主持人问这些孩子，会给妈妈打多少分的时候，孩子们最低的都给了100分（满分），还有的小朋友说，自己的妈妈是世界上最好的妈妈，要打10000分。

这也许就是赤子之心吧，孩子对于爸爸妈妈有着全然的信任与支持，让人无比感动。

相对地，作为父母，我们给予孩子的也应该是“无条件的爱”。当孩子犯错的时候，其实他们正需要帮助。如果我们可以把握这样的机会，就能够真正帮助孩子成长。

所以，我们一定要抓住机会，给孩子正面、积极的回应。在这个过程中，孩子可以从父母身上学到如何对待别人的失误。

1. 尝试与孩子产生共情

当孩子犯了错误的时候，通常情况下会产生一种羞愧、担忧的心理。他们会产生自我怀疑，怀疑自己的能力，怀疑自己不够好，甚至怀疑自己是“坏孩子”“笨孩子”。

这个时候，如果我们不理解孩子的感受，而是被自己的情绪冲昏头脑，对孩子恶言相向，那么他们必然会感到非常失望。这对于他们取得进步、提高能力是没有好处的。

共情并不是想象的那样简单，而是真正考察父母能力的事情。培养孩子同理心的那部分提到过，共情能力并不随着年龄增长而自动获得，而是需要在生活中逐渐培养。这种能力并不是每个人都有，被别人理解过的人，更容易对其他人产生共情。

当我们感觉很难理解孩子的时候，不必惊慌，这很可能是因为我们自己的能力也需要提升。这种时候，我们需要将情况描述出来，而不是说攻击孩子的话。

很多父母在孩子失败的时候，总是忍不住讽刺几句：“你看看，叫你不听话！”“你还答应我努力呢，现在看，你天生就不是学习的料！”

说这些话只不过是为了图一时口舌之快，对于孩子的成长毫无益处。

2. 肯定孩子之前的付出

不论遭遇了何种失败，孩子一定在之前进行过不同程度的付出。而这种努力和付出，虽然并没有换来理想的结果，但也应该被父母肯定。

作为孩子的引路人，我们的关注点首先应该放在孩子的成长和努力上。虽然有些事情的确需要结果和成绩，但这不过是努力的附属品，如此而已。

我们的关注点越放在孩子的努力上，他们就越会获得前进的力量。

3. 表达对孩子无条件的爱

父母对孩子的爱，本应是无条件的。不论孩子成功还是失败，孩子永远是我们的孩子。

曾经有位妈妈说，自己做不到对孩子无条件的爱，孩子特别不听话的时候，她就很厌烦，不想跟孩子说话。其实，仔细想来，这并不是做不到，只是在愤怒的时候，没有好的管理情绪的方式而已。

无论如何，都请避免说“你再这样，我就不喜欢你了”“你不听话我就把你卖给别人去”之类的话来恐吓孩子。孩子的努力应该是为了自己，而不是为了换取家长的爱。

在孩子遭遇挫折和伤痛等考验时，我们应该成为永远包容孩子的那个温暖的怀抱，而不要成为他们坠向深渊的助推器。

只有我们成为孩子坚强的后盾，孩子才有面对挑战的勇气。

4. 将处理失败的方式亲自示范给孩子看

孩子会通过我们的行为学习，不论我们是否愿意示范，孩子都在默默地吸收、学习着。

既然如此，我们何不抓住机会，将好的方法示范给孩子？这可比我们说教的效果好多了。

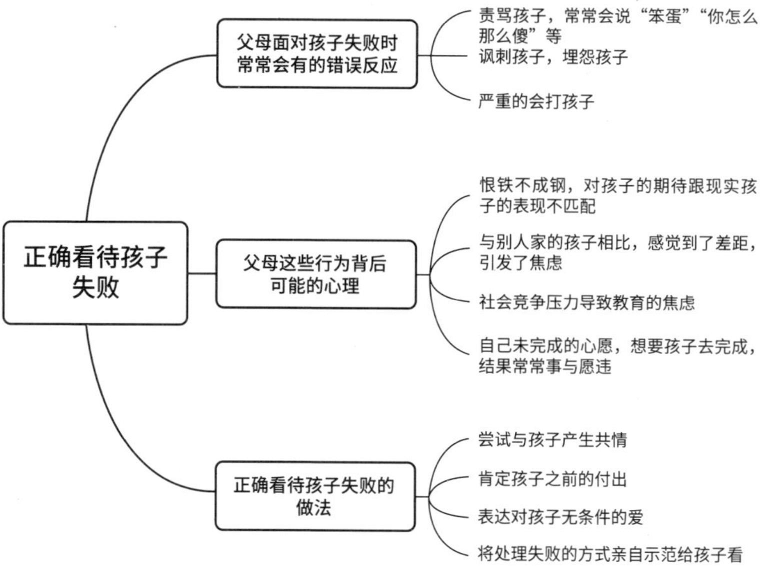

总结

当遭遇失败或者挫折的时候，孩子会产生需要安抚和共情的心理需求。我们除了安抚之外，还应肯定他们之前的努力和付出，帮助他们学习如何面对自己的失误。

不做“救火型”父母，培养逆商从适度放手开始

孩子在成长中会出现大大小小的问题，一个孩子面对困境的反应和处理能力，我们称为逆商。

在逆境面前，从一个人的反应和处理方式可以看出一个人的真实能力。可是家长怎么帮助孩子正确面对困难和失败呢？其实，秘诀还是掌握在父母们的手中。

回想一下，当孩子遇到困难的时候，我们通常是怎么处理的呢？孩子摔倒了，你会选择扶起孩子还是不扶呢？这个问题现在也常常变成争论的焦点。

有的人认为，孩子自己的路就让他自己走，孩子在学步阶段有能力自己站起来，所以不应该扶；另一部分人则心疼孩子，孩

子一跌倒，就马上扑上去扶起来。

到底该怎么做，其实不是一个是非问题，而是一个态度问题——对孩子成长的态度。

不少家长就像灭火器一样，孩子有一点问题就会立刻冲出来帮他们解决。这类问题在小的时候就是生活中的点点滴滴，长大后就成了社会生活中的方方面面。

有些人到大学毕业面试工作的时候，还要父母陪着去。一遇到问题就要先回家询问父母，自己完全丧失了思考和解决问题的能力。这样的孩子，不论生理年龄是多少岁，心智恐怕都是不够成熟的，即没有真正意义上长大。

我们在孩子面临困境时，常常会特别心急地想要伸出援手，不知不觉地进行替代和“灭火”，事后又总会埋怨孩子能力不足。时间一长，孩子的思考能力和动手解决问题的能力就被这一次次的替代和“灭火”消掉了。

贺小阳是个5岁的小男孩，在这一群孩子中，他算比较大的孩子了。所以，每次跟小朋友们玩耍的时候，大家都比较听他的。

有一次，小朋友们在楼下院子里骑小车。有个3岁的小朋友毛毛刚好没有车可以骑，于是小阳主动邀请他坐在自己小车的后座上。

然后，孩子们就开始了骑车比赛，你追我赶，非常热闹，也渐渐远离了爸爸妈妈们的视线。突然，毛毛从后座上摔了下来，磕到了下巴，嘴流血了。

小阳第一次遇到这种情况，觉得自己闯祸了，一下子有点蒙。他想，毛毛的家长一定会责怪他的，自己的父母也会骂自己吧？早知道就不该揽这样的事情了……一下子很多想法都冲进了脑子。

但是很快，他冷静下来，先抱起毛毛，试着安抚他，然后询问周围的小朋友以及旁边的大人："毛毛的父母在哪里？谁有纸巾或手绢帮毛毛擦一下脸？谁有矿泉水，可以帮助毛毛漱口？"

在大家的招呼下，小阳和毛毛的父母很快都过来了。小阳赶快说明了情况，也跟爸爸妈妈解释了自己的处理方法。

毛毛的家长并没有单纯地责骂小阳，而是嘱咐了他，下次还是不要让小朋友坐在后座上，会比较危险，之后就带着毛毛去社区医院处理伤口了。

小阳的妈妈则对小阳的冷静处理进行了肯定，赞扬他遇到问题没有慌，会思考，该求助的时候就求助，该报告家长的也没有隐瞒。

我们培养孩子的终极目的就是让孩子独立，独立生存，独立应对问题、解决问题。这里所说的问题包括孩子自己的问题，也包括他需要面对的周围环境、周围人的问题。

也许有家长会问，小朋友也需要处理这么复杂的问题吗？

大到处理与同伴的冲突，小到解决数学题目、选择周末活动，这些大大小小的问题，会贯穿孩子的整个成长历程，而这些问题都需要孩子去思考解决。

一个孩子逆商的高低，往往与以下几个因素有关。

一是对问题的发现、认识和想法。问题发生了，孩子是否能够快速发现、快速判断；孩子对于这个问题如何看待，内心想要一鼓作气解决它，还是想要试试看，甚至想要放弃。这些都会影响孩子最终处理问题的方式。

二是对目前掌握的知识内容的选择。孩子在遇到问题时是否可以快速做出判断，判断可能会用到哪些知识，涉猎过哪些领域的内容，这对于快速解决问题非常有帮助。

三是对工具、资料的筛选和应用。这有点像我们平时拆螺丝，你会先看一下螺丝头是一字花还是十字花，在这个过程中，大脑已经开始搜索家里有几把对应的螺丝刀了。这就是我们解决问题时，思考现有资源、选择合适工具的过程。

四是对自身的调整和修正。有些孩子的逆商高，一方面在于他们能够快速分析、解决问题；另一方面则在于他们善于总结经验，不断修正自己，提高自己的各项能力。

如此看来，逆商对一个孩子的综合能力要求相当高，这不仅要求孩子的独立性达到一定水平，还要求孩子有解决问题的能力。而想要帮助孩子提升解决问题的能力，最关键的是在合适的时候放手，在协助他们的同时帮助他们建立自信。

到底什么是合适的时候呢？首先我们要看看孩子成长中不同阶段的特点。

孩子在学会走路之前，非常需要成人照顾。不论是吃饭、睡觉还是外出，时时刻刻都要人看着。

这个阶段，也是大家容易对孩子的能力产生误解的重要阶段。我们常常会以为孩子没有自己的想法，也没什么思考能力，其实不然。

六七个月大的孩子，就已经可以尝试用小手去抓身边的玩具；

1岁左右的孩子，已经开始想办法控制自己的身体；

2岁左右的孩子，已经可以通过思考解决简单的问题；

……

孩子一路成长起来，会遇到方方面面的问题，尤其是进入社会之后，我们不可能总是相伴左右。那么，与其成为他们的灭火器，还不如授之以渔，引导他们学会自己面对问题、解决问题。

要想提高孩子解决问题的能力，可以从以下几个方面入手。

1. 增加孩子对情绪的自我察觉能力

当逆境出现时，人们的第一反应是：惊慌、恐惧、迷茫、痛苦……所以，如果对情绪有比较敏感的自我察觉能力，那么孩子在面对困境时便更有可能对负面情绪泰然处之，这样也可以尽量减少负面情绪对行为和决定的影响。

2. 设置相似情境，预演未来，降低焦虑

面对陌生环境的时候，人人都会恐慌，而熟悉的环境会让人产生安全感。如果我们可以提前帮助孩子对一些情况进行模拟，则孩子可以大大降低应对陌生情境时的紧张感。

例如，平时在生活中跟孩子进行模拟，在商场如果走失了，要如何处理，要如何寻找爸爸妈妈；当家中有人突发急病，要如何迅速报警，如何叫救护车，甚至采取简单的急救措施……

这些活动都可以大大降低负面情绪对孩子的影响，增强自信和提高解决问题的能力。

3. 让孩子体会事件的后果才能增加掌控感

孩子需要承担自己行为的客观后果。很多父母一味保护孩

子，想要替他们铲平成长道路上的障碍。这样的心情是可以理解的，但是我们可以保护孩子一阵子，却无法保护他们一辈子。

当孩子对一件事情的正常后果没有预估的时候，他会丧失掌控感。这时，内心的焦虑就会成倍地增加。

对此，我们不妨在生活中让孩子有机会体会一些事情的客观后果，这不仅可以让孩子学会承担责任、规范行为，还可以让他们在面对类似的情况时，对后果有一个预判。

这类的情况有很多，例如孩子早上磨磨蹭蹭不出门的时候，我们一次又一次地提醒他们快要迟到了，可孩子完全不为所动。这时候不妨让他真的体验一次迟到究竟意味着什么，一旦他了解了事情的客观后果，相关的行为往往也会随之改变。

4. 分享作为父母的经验，但不要强制孩子照搬

我们小时候和现在的孩子生活的时代背景、社会环境都有所不同，我们分享自己的经验给孩子，主要是为了帮助他们开拓思路，所以不应该要求孩子照搬。

同时，我们不应过度干预孩子的思考过程。总被人指手画脚的感受着实不是很好。“你那样不对，应该这样……”“你怎么能这么想，原来教你的都白费了。你得这样……”几次下来，孩子就不愿意再自己思考了，因为自己思考就意味着被责备或讽刺，

那还不如等着爸爸妈妈来解决。

其实，我们也只是比孩子的社会经验丰富了一些，而这些经验又不一定适用于孩子所处的环境。我们的想法、看法、做法，对孩子来说只是一些经验，是否有指导意义尚不可知，稍有不慎还会限制孩子的发展。

孩子是属于未来的。我们的社会正在飞速发展，像移动支付、人脸识别、无人驾驶这样的技术，在我们小时候是无法想象的。同样地，未来的技术能达到什么样的程度，也是我们目前无法想象的。科技的进步让我们的国家进入了发展的快车道，却也让社会结构发生了巨大的变化。

孩子未来面对的挑战不言而喻，作为家长的我们，不如立足于眼下，着眼于能力，授之以渔。

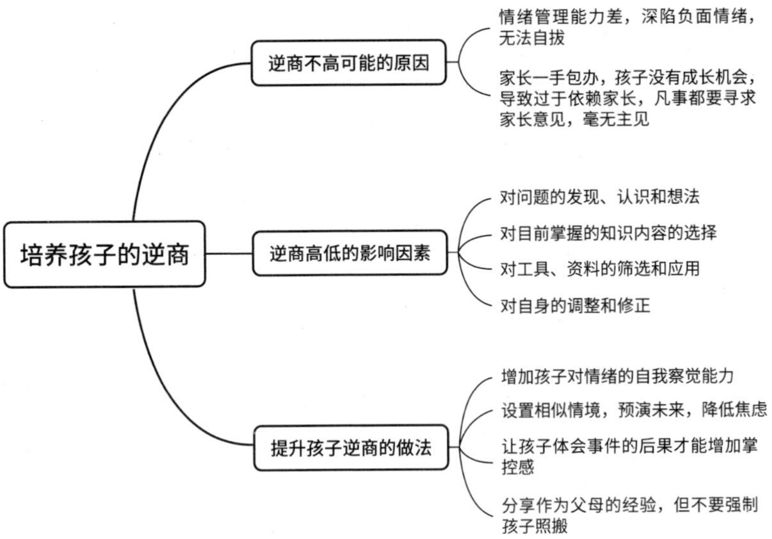

总结

在养育的过程中，我们都竭尽全力地想要把自己的经验传授给孩子，以便他们在社会竞争中生活得更好，最后却发现这么做往往是徒劳的。因为人生是一条没有被设计过的路，每个人都不能完全套用别人的人生经验来走自己的路。

想要孩子有能力从逆境中站起来，就要引导他们自己思考、解决问题。这不仅需要情绪管理能力，也需要具备一定的解决问题的能力。

父母有界限，孩子才能有规矩

帮助孩子成长，并不是说所有的事情都要亲力亲为，恰恰相反，我们要做的是“该放手时就放手”。在养育过程中许许多多的困惑与问题都源于一个词——界限。

界限这个词有着丰富的内涵，很多新手爸妈都觉得给孩子树立界限是件很困难的事。殊不知，父母自己的界限意识才是培养孩子优秀品质、提升情商的基础。

只有当父母有明确的界限意识，孩子才能够有安全感和边界感，才能成长为一个守规矩的孩子。

对于界限，其实我们要区分三件事：自然的事、别人的事和自己的事。

那么，这三件事具体是指什么呢？

一是自然的事。总有些事是超出我们掌控的，比如会不会有什么灾难。这些事不光是我们不能掌控的，甚至是人类都无法预料和掌控的。如果成天操心这些事情，就成杞人忧天了，是不明智的。

二是别人的事。很多父母分不清什么是别人的事，就可能在责任上产生混淆。别人还可以是自己的孩子。有些父母特别喜欢操心，凡事都想发表意见，自己身先士卒，却不知道这样的做法很可能是在承担别人的责任，并且无端增加了自己的压力。

由你代替了应该孩子去负责的事情、去承担的责任，这对于培养孩子的独立性、同理心、处理问题的能力等并没有好处，毕竟你不可能帮孩子一辈子。

三是自己的事。别看只是简单的4个字，却也有它的内涵和范畴。首先，这要求我们对自己的权责有一个清楚的认知；其次，要求我们不能将自己的责任推给别人或转嫁给别人；最后，要求我们有承担自己责任的能力。

界限不清、责任不明的父母，不仅自己累，还容易养育出一个“长不大”的孩子。

白静在别人眼中是特别负责任的妈妈，儿子嘟嘟每天的吃喝拉撒，她都会提前进行规划，尽可能安排妥当。嘟嘟小的时候，大家都觉得白静细心且贴心，有她在，一切都不用操心，她真是贤惠。

可是随着嘟嘟长大，他跟妈妈之间的问题变得越来越多。开始的时候，嘟嘟想要尝试很多事情，比如穿衣服，穿袜子，自己搬东西，自己折一只小青蛙……白静却觉得，嘟嘟还小，手指头也不灵活，与其让他自己摆弄浪费时间，不如替他做了就好。

于是，嘟嘟直到5岁还不会自己穿衣服和袜子，也没有自己穿过鞋。每次嘟嘟想要自己去做一件事情的时候，白静都会以浪费时间、赶着出门或者怕危险为由，替嘟嘟完成。

渐渐地，嘟嘟养成了衣来伸手、饭来张口的习惯，觉得自己什么事也不需要做，只要妈妈在就应该由妈妈来做，并且自己好像也确实什么都不会，什么都做不好。

家人意识到，嘟嘟的成长可能出了问题，开始尝试慢慢教嘟嘟做一些事情。可这个时候，嘟嘟却觉得，大人不帮助他做，就是不爱他了。一遇到类似的情况就会大发脾气，哭着要妈妈帮。

家人也开始对白静有意见，觉得她教育嘟嘟是失败的，嘟嘟的无理和蛮横以及生活能力的缺失，都是她一味当帮手的结果。

白静自己也隐约觉得确实存在一些问题，需要进行改变。可是嘟嘟一哭着让她帮忙，她就心软了，觉得如果她这个当妈的都不帮孩子，以后到了社会上，更没人会帮孩子了。所以每次都还是心软地替孩子完成，却又忍不住埋怨孩子，这么大了，一点儿事都要妈妈来做，什么时候才能长大？

事实上，一个孩子是否长大，说的不只是他的生理年龄，更包括他的心智水平。著名的儿童教育家蒙台梭利曾在《童年的秘密》中提到：“一个人的成长有两个层次，除了他在生理上的长大，他的心理也需要以一种特定的形式发展和成长。”

家长想要做好自我管理，树立界限意识，为孩子的情商培养创造家庭环境基础，可以从以下几个方面入手。

1. 了解孩子的发展规律

只有了解孩子的发展规律，我们才能做到安排适当的活动给孩子来完成。

如果我们选择了超出孩子发展阶段所能驾驭的活动，那么孩子不仅完不成，还会产生挫败感，变得不愿意尝试。

所以，首先我们要了解孩子发展的规律，结合孩子目前的情况进行合理的安排。

2. 筛选孩子可以完成的日常活动

我们可以筛选出哪些日常活动应该由孩子自行完成，留出足够的时间给孩子进行尝试。

例如，有些孩子五六岁了还不会自己穿衣服、脱衣服，对此家长常说是由于早晨上学时间来不及和孩子动作慢就帮他穿了。

实际上，对于这种情况，我们完全可以让孩子提前起床10分钟，留出足够的时间让孩子自己来穿衣服，或者在我们的协助下穿衣服。

开始的时候，孩子可能由于动作不熟练会比较慢，不过没关系，因为这个过程也是孩子练习的过程。

如果我们全都替代孩子来完成这些日常活动的话，那孩子永远得不到练习的机会，他们也就不可能很好地掌握这些生活的技能。

3. 提前与家庭成员沟通，统一规则

我们应尽可能做到提前跟家里的成员进行沟通，对孩子的要求尽量达成一致，这样可以避免有些成员偷偷给孩子“开绿灯”。

对孩子设立的规则不一致，不仅会导致孩子产生混乱感，还会引起家庭中不必要的矛盾。

4.耐心！耐心！还是耐心

孩子无法掌握一项技能的时候，我们需要多多示范和讲解。当一开始孩子确实存在困难时，要帮助孩子逐渐学习，最后掌握该项技能。成长是一个过程，不是我们说一遍孩子就必须马上学会。

也不能够因为要树立界限，就对孩子的求助无动于衷，当甩手掌柜。“帮助”和“替代”是不同的。同时，也要避免采用“别人家孩子”这样的比较言语来刺激孩子，或给孩子贴上“你真笨”一类的标签。

5.让孩子多多参与决策

孩子小的时候，我们可以替孩子处理很多事情，他们吃什么、穿什么，都要听我们说了算。但是当孩子慢慢地长大后，如果还是全部听我们安排，那么他们会丧失自己的主见，失去自己思考的动力和能力。

该让孩子自己决定的事情，完全可以让他们去做。例如，选择什么颜色的水壶、铅笔、衣服。

在年龄增长和社交环境逐渐复杂的情况下，孩子越来越需要具备自主能力进行决策。

这种自主能力是每个孩子都会有的，它需要引导，也需要练习，但是表现出来的时候，常常被我们认为是“逆反”或“叛逆”。

其实，我们只要在可以让孩子做主的事情上面让他们来决策，就可以帮助他们进行练习，提升自主能力。

这也是我们应该时刻关注自己界限的重要性。

6. 区分自己的期待和孩子的期待

很多家庭中，父母跟孩子的矛盾，源于父母对孩子的期待和孩子对自己的期待不符。

最常见的情况是，在孩子报考大学的时候，很大比例的孩子都选择遵从父母的愿望。

另一种常见的情况就是孩子没有取得父母满意的分数。通常，这种情况很难好转，要么就是孩子拼命讨好家长，丧失自己本来的追求；要么就是孩子自暴自弃，变得故意跟父母对着干。

其实，这时候我们就要区分清楚，孩子往哪个方向发展、考什么名次，到底是我们的期待，还是孩子自己的期待。

这个问题没有搞明白的话，家长跟孩子的关系就很容易发展成“拔河比赛”，你往东，他偏往西，最后大家都觉得自己没有获得对方的理解和支持，导致亲子关系破裂。

- **父母的界限清晰，给孩子树立规则意识**
  - 界限的三个内涵
    - 自然的事：超出我们每个人的控制范围，人类无法预料和掌握的
    - 别人的事：除了自己之外，其他人的事情
    - 自己的事：①对自己的权责有一个清楚的认知；②不能将自己的责任推给别人或转嫁给别人；③有承担自己责任的能力
  - 家长界限不清的后果
    - 对孩子的事大包大揽，或总是插手替孩子决定、选择
    - 常常觉得明明是为孩子好，不理解孩子为什么不听话
    - 孩子觉得自己被禁锢、被控制，想摆脱
    - 孩子过分依赖家长，没有独立思考能力，没有规则意识
  - 界限清晰，帮孩子树立规则意识的方法
    - 了解孩子的发展规律
    - 筛选孩子可以完成的日常活动
    - 提前与家庭成员沟通，统一规则
    - 耐心！耐心！还是耐心
    - 让孩子多多参与决策
    - 区分自己的期待和孩子的期待

总结

只有明确了界限，我们才能对父母的自我管理有一个更加深刻的认识。也只有做到了真正的自我管理，孩子才能够获得属于他们的成长机会。父母过度承担，实际上导致的是孩子成长机会的丧失。

警惕“标签党”，对孩子的发展不设限

说到贴标签，估计所有家长都不会陌生。我们不少人小时候都被父母贴过各种各样的标签：

“你这个笨蛋！”

“这么点东西都学不会，你这辈子也甭想有什么出息了！”

“看来你的理科真的是不行。”

“我们孩子不爱说话，有点内向。”

“我儿子就是胆小。”

……

这些话常常在我们耳边响起，而曾说过这些话的父母不计其数。很多人都是在情绪上来时脱口而出，说的时候不觉得有什么不妥，殊不知孩子一旦被贴上标签，那真的就会渐渐成为“你口中的样子”。

这是为什么呢？在心理学上有一种现象，叫“标签效应”。美国心理学家贝科尔认为：“人们一旦被贴上某种标签，就会成为标签所标定的人。”这其实就是一种暗示。

当一个孩子被贴上“坏孩子”“差生”“笨蛋”等符合某个心理条件的标签时，那个标签将掩盖他的所有其他品质，甚至优点。无论那个孩子做什么，老师和家长都认为那个孩子“坏”“差”“笨”。

这种情况一旦形成，除非我们改变自己心中的标签，否则，标签就会成为孩子的一种自我认定。

小尚马上3岁了，妈妈带她去参观幼儿园，为入园做准备。一进到幼儿园里面，小尚就被五花八门的玩具和教具吸引了。

妈妈说：“快来跟老师打个招呼！”可这时候的小尚满脑子都在想着进去玩，眼前这个人她又不认识，一时之间不知该说些什么。

老师看到小尚的眼睛直往教室里面瞟，就对她说：“你想进去玩对吧？”

小尚没说话，点了点头，又转头看了看妈妈，仿佛在恳求妈妈同意。

妈妈一看，小尚半天也没说出个“阿姨好”或者“老师好”，顿感颜面有些挂不住，就说：“哎呀，这孩子，太没礼貌了。妈妈平时怎么教你的？让你问好呢，你净惦记着玩！”妈妈埋怨了几句小尚，转而又对老师说：“老师，不好意思啊，我们这孩子内向，不爱说话。可能是有点认生了。”

老师赶快摇了摇头说：“没关系，没关系，小朋友在所难免。快让小尚进去玩吧！”

幼儿园里面空间很大，小尚开心地到处走、到处看。当她们要离开的时候，小尚还没玩够。妈妈拉着小尚往外走，小尚很不情愿地问妈妈：“妈妈，咱们要去哪里啊？”

妈妈说：“要回家了。”

小尚说：“可是我还想玩一会儿呢。”

妈妈拉着她走向幼儿园的老师，说：“小尚，快来跟老师再见啦！”

这时候的小尚已经跟老师熟悉了，可她还不想回家，妈妈拉着她说了什么她也没听见，光想着刚才那些玩具了。

妈妈看小尚又没有反应，就有点恼火，看老师还在笑吟吟地等着，赶忙说：“你这没礼貌的孩子，平时教你的都白教了，连句‘再见’也不会说了。”

老师听了，连忙劝说道：“小尚妈妈，孩子估计还舍不得走呢，等她来了幼儿园，就能天天玩啦！”

说完，老师笑着轻轻拍了拍小尚的肩膀，说：“小尚，那咱们再见咯！”

事后，老师跟妈妈谈了谈，告诉她切勿再当众说小尚是个“没礼貌”的小孩了，大人的一句玩笑话，却可能会真的让孩子变了样。

关于“标签效应”，心理学家克劳特曾做过这样一个实验：他要求一群实验者为慈善事业进行捐献，然后根据他们是否捐献，分别说其是“慈善的人”和“不慈善的人”。

相应地，还有一些实验者则没有被下这样的结论。

过了一段时间后，当再次要求这些人进行捐献时，发现那些第一次捐了钱并被说成是“慈善的人”的实验者，比那些没有被下过结论的实验者捐钱要多；而那些第一次被说成是“不慈善的人”的实验者，比那些没有被下过结论的实验者捐钱要少。

这就是贴标签形成的暗示效应。反正已经被说成了“不慈善的人”，无论怎么做，似乎都不会改变人们的印象，于是人就丧失了改变标签的动力。

同样，如果我们说孩子内向，他真的可能会从活泼变得寡言少语，因为在他的认知里，他就应该是内向的，活泼的那部分不是他应该有的特质。

这样一来，孩子的发展就会受到所谓标签的限制。

如何避免成为给孩子贴标签的“标签党”父母呢？

1. 父母管理好自己的情绪

很多时候父母忍不住给孩子贴标签都是因为负面情绪影响，一时控制不住。所以，避免成为“标签党”的第一个要求就是父母要进行情绪管理。

2. 顶住面子压力

在一些公开场合，如果孩子的表现不尽如人意，父母常常会觉得面子上有压力，会给孩子贴个“内向”“不爱说话”“人来疯”等标签，似乎这样做可以让我们缓解社交过程中的压力。

要想避免这样的情况，事前可以跟孩子预告将要进行的活动，如果时间充裕还可以进行预演。这样做一方面能够缓解孩子的陌生感与焦虑，另一方面可以让我们对可能发生的场景有一个预判。

例如，我们可以跟孩子讲：“等下我们会去电影院看电影。那里有一个超级大的荧幕，就像咱们家里的电视机变成墙那么大。你想想看，看动画片会不会很过瘾呢？就是有一点，电影开场前屋子里可能会有点黑，到时候妈妈会一直拉着你的手。而且啊，屋子里还会有很多人跟我们坐在一起。你曾经说自己是个小勇士，对吗？咱们可以先来试试看，如果屋子里黑黑的，你能不能战胜恐惧呢？”

这样一来，可以让孩子提前预知可能发生的情况，也会让我们对孩子的反应有一个预判，即便孩子没有如我们预期的那样表现，我们也可以提前准备一个预案。

3. 了解孩子正常发展的规律

我们总是希望孩子按照我们心中的样子表现，但我们不能凭空瞎想，超越发展规律的期待是不明智的。了解孩子正常的发展规律有助于我们对孩子的表现进行正确定位。

4. 客观地评价孩子的能力

自己的孩子，自己最了解。平时孩子是什么状态，有什么样的能力，作为父母的我们应该做到心中有数。在养育孩子的过程中，有时候难免会听到其他人从各个角度对孩子进行评价。这些评价常常会引发我们的焦虑。

其实，焦虑在所难免，不过在我们评价孩子之前，应给自己留有一定的缓冲时间，不要轻易向孩子发泄。就像我们之前提到的，有很多方法可以帮助我们缓解不良情绪、释放压力，盲目对孩子发泄并不是明智之举。

5. 远离“别人家的孩子”

很多成年人回忆起童年时光时都会感慨，小时候一直有一个竞争对手，就是“别人家的孩子”，这仿佛是一堵永远无法跨越的墙，横在父母和自己中间。

现在我们已经为人父母，这种现象是否可以在我们这一代人身上消失呢？可以说，理想很美好，现实很艰难。每对父母都想让自己的孩子成为优秀的人，成为别人口中那个很棒的人。

其实，这从某种程度上恰恰表现出了父母的不自信。

回忆一下，我们是否总爱将自己无法完成的事情、无法达成的心愿，“嫁接”到孩子身上？我们是否觉得，自己不够优秀，就会更加强烈地希望孩子能够成为那个优秀的人？

而且，成绩这一个指标就压垮了很多优秀的人，可我们往往忽略了“条条大路通罗马”。孩子在文化课程上的差距并不是一成不变的，若使用好的方法，成绩并非不能提高。

而贴标签只能加剧孩子成绩的下滑，使他们越来越觉得自己就是一个“差生”。这恐怕也不是我们想要看到的结果吧。

对于内心的焦虑，我们一定不能通过向孩子发泄而寻求缓解。要知道，这种跟“别人家的孩子”的比较，不仅不会帮到孩子，反而会伤到孩子。我们应该马上停下盲目的攀比。

一个人有自己的强项，就一定有自己的弱项，每个孩子各有千秋，没有必要用别人的特长来贬低自己的孩子，也不要轻易忽视自己孩子的独特和优势。

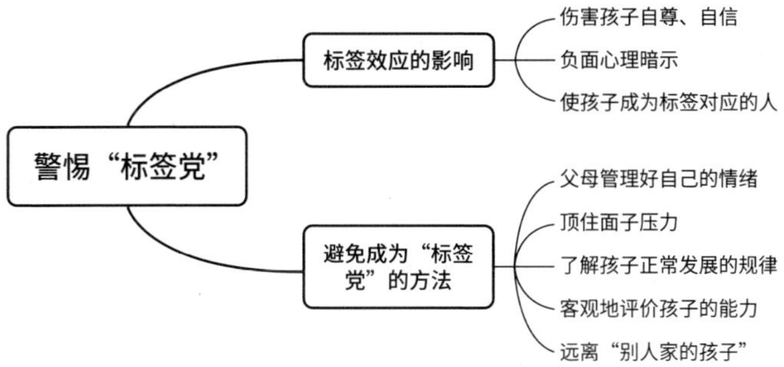

总结

不论是不经意还是控制不住情绪，给孩子贴标签都将影响孩子的心理状态，进而影响他们的行为。在评价孩子的时候，要尽量做到客观，不要轻易被外界环境所影响。

不做“满分父母”，学会给自己减压

常有人说：“女子本弱，为母则刚。”相信每个当了妈妈的人，看到这句话都会很有感触。在孩子小的时候，喂奶、换尿片、洗衣服、做辅食，事事都脱不开手。特别怕孩子生病，孩子稍有不舒服，大人就整夜整夜熬着不能睡，一年下来头发大把大把掉。

孩子大点了，就开始操心各种启蒙教育，担心孩子“输在起跑线上”。别人家的孩子一报辅导班、网课，自己就恨不得马上也去报。看别的孩子都穿得干净、漂亮，又琢磨着给孩子换几身衣服。新出了什么玩具，怕孩子落伍，也得买回来给孩子玩玩。为了教育好孩子，还要参加一些亲子教育课程或者培训班，一年到头，一点可以自由支配的时间都没有。

为孩子操碎了心的同时，我们还要打拼事业。自己的工作不敢耽误，孩子的教育不能耽误，老人的陪伴不愿耽误，最后只有牺牲掉自己的休息时间。

这些有形或无形的压力，已经不是一句“我太难了”能够形容的了。

成为妈妈可能是大多数女性的必经之路，可是这一路走来，的确是艰难重重。从身体上的不适，到情绪起伏，再到经济压力和养育知识匮乏产生的无助，一波未平一波又起。在这样的情况下，出现焦虑、抑郁情绪也就不再意外了。

有一位全职妈妈王女士，她在家带孩子已经两年多了。在这个过程中，她感受到了巨大的压力。

她不仅要照顾孩子的饮食起居，还要操心孩子的早教、启蒙。孩子有任何一点风吹草动，家人都会怪到她的头上。

刚开始，她觉得“为母则刚”，就算再难受，为了孩子也可以忍过来。

可慢慢地，耐心逐渐消耗殆尽，她每天都生活在烦躁和焦虑中。面对孩子时常的哭闹，她再也忍不住，终于用了她曾经最不认同的打骂和惩罚的方式去对待孩子。

家里老人嫌她脾气差，又不赚钱，总是拿孩子撒气；老公觉得她天天在家蓬头垢面，脸都恨不得不洗，也不怎么注意外形，跟她交流也少了很多。

有一次，她竟然无意中碰见丈夫跟女同事走在一起，谈笑风生，跟在家中完全是两种状态。

她觉得自己为了这个家，放弃了工作，放弃了前途，结果却换来了家人的不理解和看不起，自己实在是太委屈了，越想越生气，越生气就越烦躁。

直到后来忍无可忍，失去了生活的信心，心中总是充满了怨恨。为了改变，王女士选择了求助心理咨询。

那么，当爸爸就很省心吗？答案当然是否定的。男性在家庭生活和养育过程中也担负着重担。传说中的“上有老下有小”、事业的瓶颈、经济的压力、家庭的经营，都是爸爸们无法逃避的挑战。

最近的产后抑郁倾向调查数据显示，男性占比有着明显的上升趋势，这也从另一方面说明了爸爸们遭遇的困境。

我们不止一次提到，爸爸妈妈要学着管理自己的情绪，可这并不是一件容易的事情，特别是在焦虑将长期存在的情况下，想要不生气、不发火，更是难上加难。

其实，我们不仅要关注孩子的养育，更应该关注自身的情况，不论是情绪还是身体。毕竟，养育孩子的工作（尤其是初期）常常需要熬夜，抱孩子也很辛苦，这些都会对养育者的健康提出挑战。

除此之外，养育工作还常常让人觉得心力交瘁。

常常有人会说“孩子永远有让人操不完的心”，孩子成长的每个阶段都有特定的“麻烦”。父母好不容易解决了上一阶段的麻烦，孩子却又出了新花样。

也许你不知道，我们平时遇到的大多数养育问题，答案都是正常。我们都是第一次当父母，没有经验，遇到问题难免慌张和焦虑。可这些问题真的都是问题吗？答案是否定的。

确实，孩子在不同的阶段表现不同，不同的孩子更是有不同的品性。随着孩子年龄增长，我们总会在某些特殊阶段产生特别的焦虑。

可值得欣慰的是，你并不是一个人。不论什么问题，都会有很多人跟你一样，处在同样的境地，面临类似的状况。可以说，前有古人，后有来者。

所以，这样的日子一定会慢慢好起来，也一定有很多方法可以帮助我们减轻焦虑和困惑。

1. 了解孩子的发展规律，做不焦虑的父母

这点真的非常重要！

我们也多次提到过，孩子的普遍发展规律应该是每个父母都了解的知识。之所以这么说，就是因为很多问题都由此而生。

2～3岁的孩子，常常会乱发脾气。虽然这样会让很多爸爸妈妈烦心不止，但这不是不当行为，也不需要被纠正。

这个阶段的孩子，常常无法像大人期望的那样，好好用语言来表达自己的情绪。可很多爸爸妈妈并不了解这方面的知识，反而引发自己产生负面情绪。

其实，这就是父母由于不了解孩子的发展规律而导致焦虑的典型例子。

如果我们能够多一些这方面的知识，就可以清楚地了解，孩子做出一些看似不好的行为，不过是因为他们的神经系统尚未发育完全，而不是因为孩子是坏孩子。

2. 真正接纳孩子，尊重和欣赏孩子的独特

有些父母很难接纳孩子的种种行为，如孩子大哭大闹、乱发脾气、坐不住、不听话……如果不去探究孩子行为背后真正的心理需求，则很难读懂孩子真正的意思和这些行为的目的。

真正接纳意味着接受孩子真实的样子。不论他做出什么样的选择，有哪些特质，这就是他自己，如其所是。只是我们可能对孩子有着很高的期待，或者心里的传统观念导致我们不能接受孩

子的某些行为。

能够引起我们焦虑的，其实正是我们对孩子的期待和孩子对自己的期待之间的矛盾。

而接纳意味着放下心中的执念，接受这一切，放慢节奏，学着欣赏孩子的长处和特质，毕竟每个人都是独特的。

有些孩子确实能做到家长心中的样子，但那并不是普遍情况；自己的孩子做不到，也很正常。不能因为有的孩子能这样做，我们就认为所有的同龄孩子都可以做到。否则，只能徒增烦恼。

3.降低对自己的期待

“我是不是合格的父母？”

“我是不是耽误孩子了？”

“我的经历不会影响了孩子吧？”

“我的原生家庭有问题，从小就不爱说话，孩子随我可怎么办？”

……

很多父母的内心深处都充满了不安全感和自我怀疑。每当巨大的压力袭来，都会感觉情绪濒临失控。于是，这些情绪像潮水一样，从父母涌向了孩子。

“我们也知道打骂孩子不对，也知道有时候太严肃会吓到孩子，可是能怎么做呢？我们也控制不了自己啊！”这便是多数父母的真实想法了。

其实，只要想着不做“满分父母”，问题就能解决一半。当我们不再苛责自己，不再给自己太多压力时，这种焦虑和自责就会消失掉一大半。

4. 暂时降低对环境的要求

生活中，常有一些妈妈把自己累得筋疲力尽，原因就是无法忍受脏乱，追在孩子屁股后面不停地收拾屋子。

孩子的衣服弄脏一点，就立马帮他换下来，拿去洗干净。

其实，如果自己真的很累，孩子又太小，我们大可不必要求太高。这种小事情并不会影响很大，况且这种情况可以随着孩子的年龄增长和我们对他的引导得到很大改善。

5. 学着给自己续杯

还有一个有效的方式，就是给自己续杯。

想象我们每个人心里都有一个杯子，用来盛放爱和温暖，我们管它叫爱之杯。这个杯子空了的时候，我们会沮丧、伤心难过、愤怒……相对地，这个杯子满的时候，我们会觉得开心、快乐、感恩、满足……

当我们情绪不好的时候，其实就是内心的爱之杯空了。那如何给自己续杯呢？喝杯咖啡、听听音乐、看看电影，或者练瑜伽、冥想、读书、逛街……只要是我们能够接受并且有效的方式，在不伤害自己和他人的情况下，都可以帮我们续满自己的杯子，恢复能量和活力。

6.给自己的情绪一个出口

成年人的情绪管理之所以比儿童容易，就是因为我们拥有更多的选择来释放和缓解自己的情绪。

情绪就好比一个垃圾桶，每隔一段时间就需要倒一次。

由于受到传统文化的影响，很多父母不善于将比较强烈的情绪表达出来，而是选择忍着。这就好比把情绪“关在门外”，假装它不在了，以为可以眼不见心不烦。其实，这样的做法不过是让情绪在门外偷偷地“练肌肉”，当有一天它足够“强壮”了，就会将“门”毁坏，跑出来“撒野”。

所以，我们应该正视自己的情绪，认真地思考自己情绪的出口，多给自己一些选择，才不会轻易被情绪所掌控。

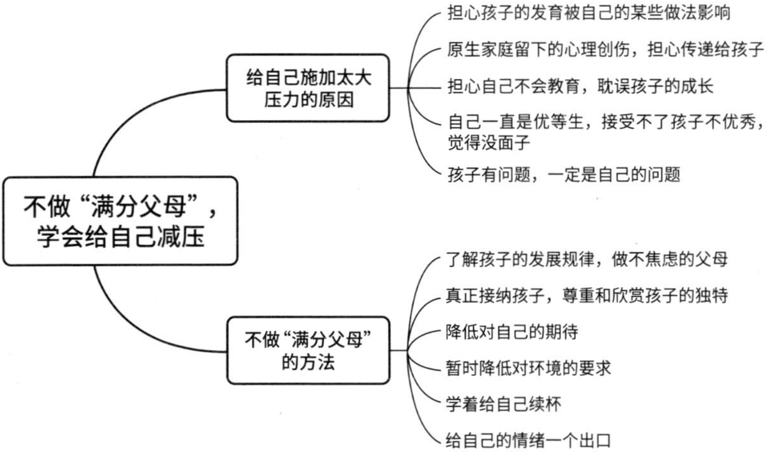

总结

没有人要求我们必须成为“满分父母”，更多的是自己的焦虑和对孩子的担心罢了。只要按部就班，相信自己和孩子，也相信成长的力量，接纳彼此，给情绪一个出口，自然可以远离焦虑。

第六章

了解情商养育的规律和方法

儿童的一切教育都必须遵循一个原则，即帮助孩子身心自然地发展。

——蒙台梭利

你了解孩子的气质类型吗

“天下没有两片相同的树叶”，每一个孩子也都是独特的，这属于老生常谈了。可是在实际养育孩子的过程中，我们还是需要有一个方法去衡量或者划分一下，孩子究竟属于哪一个类型？有什么特征？我们又要如何应对？

这里想跟大家分享一个区分孩子的重要维度——气质类型。

近年来，气质类型这个词越来越多地出现在育儿理念中。但人们常将它简单地理解成性格，以为气质类型不同就是性格差异。

其实这二者有着很大的区别：气质类型是一种在很大程度上依赖基因的属性，会使人从出生开始，表现出一般倾向上的气质差异；而性格是后天形成的产物。

当孩子具有不同的气质类型时，他们对外界环境的刺激有不同的表现，对自身情绪的控制和反应也会不同。这点对于二孩家庭来说可能体会更加深刻。

明明两个孩子都是同一对父母所生，可是一个好静一个好动，或者一个善“文”一个善“武”。这种气质类型的差异，也意味着我们需要采用不同的养育策略因材施教，才能达到较好的效果。

小路5年级的时候，妈妈发现他做数学题非常慢。常常都是同学们学会了、做完了老师留的题目，小路还没有看懂。等小路一点一点琢磨明白了，老师往往都讲到另一章节了。

妈妈很着急，小路马上要面临升学考试，如果他还是这样比大家“慢半拍”，恐怕会在升学考试中遇到困难。

于是，妈妈开始想一些方法来帮助小路更加快速地理解运算。可新的问题又出现了，小路虽然可以理解并且使用妈妈的方法，但他总是会提出更多的衍生的问题。教给他3×2的方法，他就会想知道4×2、5×2……

老师也很快发现了问题，在课堂上，小路总是在琢磨自己的那套方法，注意力完全没有在课堂上。

就在妈妈跟老师都没有办法的时候，小路自己却完全将这套计算方法弄明白了。他虽然不会老师教的方法，但是可以按照自己的方法算出答案，而且速度也提高了，解题又快又准。这下大家都放心了。

原来，小路虽然开始学东西时可能会慢一点，但是他想问题特别深，自己会把类似问题全都吃透之后，再进行后面内容的学习。

这样一来，妈妈和老师也不再强迫他必须按照别人的进度学习了。慢慢地，小路的成绩不仅上来了，而且一直名列前茅。

多年后，小路考取了某大学数学系的研究生，毕业后成了一名优秀的数学老师。

如果妈妈和老师没有发现小路的不同，也没有给予小路特别的宽容，而是随意给他贴上“差生”“笨孩子”的标签，甚至认为他学业无望，那么他的前途很可能是另一种结果了。

依据近代发展心理学理论，对于孩子气质类型的划分，比较著名的是三类型说。

心理学家托马斯和切斯通过分析一项名为“纽约纵向追踪研究”的结果，把划分气质类型的维度归纳为五种：节律性、适应性、趋避性（积极探索与消极被动）、典型心境（情绪状态）与反应强度。这五种维度与亲子关系、社会化、行为问题都是密切相关的。

按这五种维度的不同组合，我们可以把孩子的气质划分为三种典型的类型以及一种混合类型。

气质类型	占比	表现
容易抚养型	约60%	生活有规律、节奏明显；容易适应新环境，接受新经验；主动探索环境，对新异刺激反应积极；愉快情绪多；情绪反应适中
不易抚养型	小于10%	生理节律，生活规律性差；难以适应新环境；对新异刺激反应消极被动，缺乏主动探索周围环境的积极性；负面情绪多；情绪反应强烈
发展缓慢型	约15%	对环境变化适应缓慢；对新鲜事物反应比较消极，对新异刺激适应较慢；情绪经常不甚愉快；心境不开朗。但在没有压力的情况下，会对新异刺激缓慢地产生兴趣，在新情境中逐渐活跃起来。这类儿童随着年龄的增长，特别是在成人的抚爱和良好的教育作用下会逐渐发生变化
混合型	约15%	综合了以上三种类型的特征，无明显倾向

最开始的时候，可能有不少父母都觉得自己的孩子属于不易抚养型：由于缺乏养育经验，一旦遇到孩子比较调皮，就会觉得孩子不易抚养。其实，真正属于这个类型的孩子并不多，毕竟占比还不到10%，所以应该说大部分孩子都不属于这个类型。

气质类型对孩子有什么影响呢?

举例来说，当面对陌生环境的刺激时，不易抚养型的孩子会表现出适应困难。针对这种类型的孩子，如果家长的反应是责备、漠视、缺乏耐心，那么孩子将会产生沮丧、被抛弃、丧失自信等一系列消极反应。而这些消极反应又可能会加剧家长的负面情绪，形成恶性循环。

如果家长分辨出自己的孩子其实属于不易抚养型，并报以极大的耐心，鼓励孩子尝试，遇到困难时温和地安抚孩子，直到他逐渐平静下来，愿意一点一点地尝试，那么孩子就会改善对待陌生环境的强烈不适应感。若每次遇到相似的情况，都可以这样处理的话，孩子的消极情绪一定会得到改善。

我们在家庭环境中觉得孩子难以沟通、不听话，很有可能是因为不了解他们内心的真实需求，或采用了错误的沟通方法。

需要注意的一点是，气质类型虽然长期保持稳定，但不是绝对一成不变的。孩子在成长的过程中，会不断地跟家庭成员、社会成员和周围环境发生互动。这些因素不断地作用于孩子身上，都有可能对孩子处理新事物、新环境等的方式产生影响。

了解了这些之后，我们就可以认真地想想看，自己的孩子比较符合哪个气质类型，进而采用不同的养育和沟通策略。

1.对于容易抚养型的孩子

这部分孩子是生活中最常见的一类，我们需要采用的是一般性的养育策略。为他们提供尽可能多的生活场景，多用游戏的方式跟孩子进行沟通，引导他们识别情绪。这样的方式对于孩子成长是比较适合且有帮助的。

2. 对于不易抚养型的孩子

这部分孩子是我们要格外关注的。跟他们相处时，除了要多一些耐心之外，还需要多一些策略和技巧。

他们本身就脆弱而容易焦虑，所以在新环境面前会比较难以适应。我们需要在提供孩子安全感和降低焦虑的前提下，让他们一点一点地适应和体会。

同时，这一类型的孩子对于自我意识的建立相对困难，我们在培养孩子自信心方面需要做的工作就更多。他们本身比较容易产生负面情绪，情绪的波动也较大。对于家长来说，需要对孩子有更多的包容和理解。

此外，还需要进行大量的引导，帮助他们识别情绪、缓解情绪，以及学习如何进行自我安慰。

3. 对于发展缓慢型的孩子

对于这类孩子，我们要做的就是给他们足够的时间和耐心。他们需要自己去琢磨每项活动和生活技能。在这个过程中，孩子可能会花费很多时间来思考和练习，但是一旦掌握便非常牢固，甚至会比容易抚养型的孩子理解得更加透彻。

对这类孩子的策略就是不能急、不能催，他们有自己的节奏，如果可以配合他们的步伐，我们就能够充分帮助他们在成长的道路上健康成长。

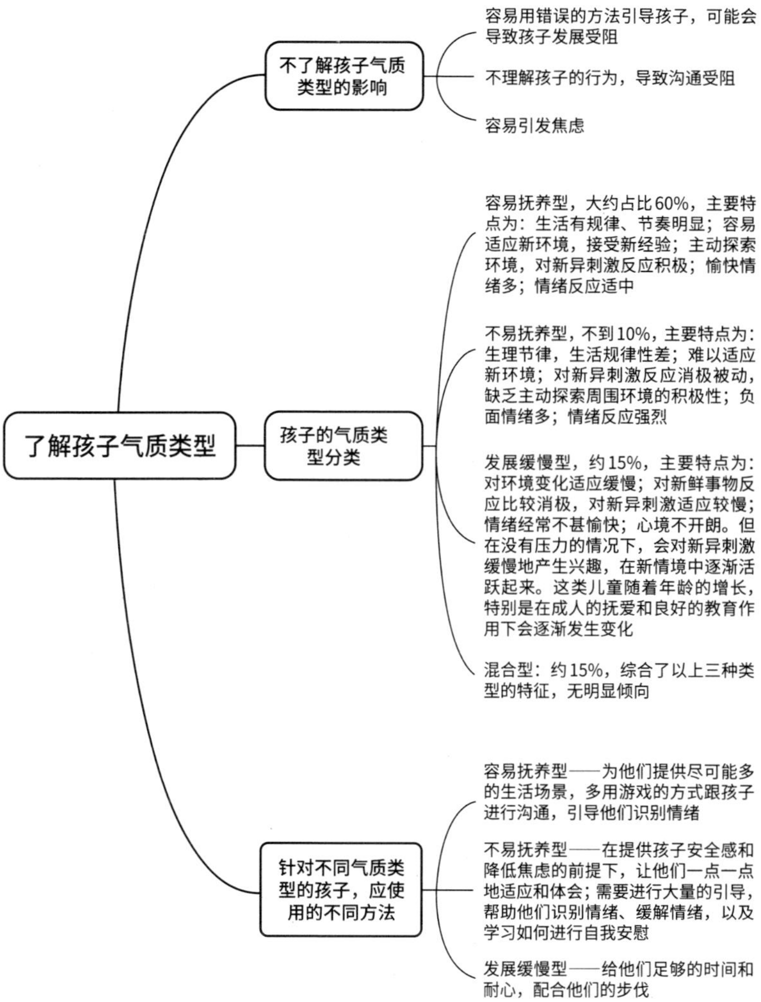

总结

有时候，使用同样的养育方法，孩子的性格却完全不同。这可能是因为孩子本身的气质类型不同。我们需要了解自己的孩子属于何种气质类型，这对于我们采取什么样的养育策略有着非常重要的意义。

那些被忽视的认知发展规律

你是否也曾遇到过，当孩子不听话的时候，一心想要跟他好好沟通，结果发现跟孩子讲道理根本就没用。于是就得出一个结论：想好好跟孩子沟通是不行的，必须用严厉的手段。

还有一些家长有过这种经历：让孩子去干一件事的时候，先做什么、后做什么，都说得很清楚了，可孩子要么记不住，丢三落四的，要么就弄错顺序，反正就是不能顺利地按照指令去做。

到了孩子刚上小学的时候，问题就更突出了。

家长们怀疑自己的孩子不够聪明，稍微难一点的题就不会做。网络上有很多报道都是讲父母陪孩子写作业时的痛苦：“不写作业母慈子孝，一写作业鸡飞狗跳。”甚至有的父母因为陪孩子写作业而气到生病进医院。

另一类场景则是父母的“超前意识”，孩子刚出生就开始天天听英文歌，两三岁时就开始背《三字经》、乘法表。巴不得孩子在小学前把《唐诗三百首》《三字经》《千字文》《声律启蒙》都背熟，数学则最好是掌握100以内的加减法。

其实这些都是典型的父母因不了解孩子的普遍发展规律而导致了焦虑，又由焦虑引发的一系列行为。

这些行为或不得章法，或揠苗助长，不论是哪种，只要没有顺应孩子的自然发展，就可能会对孩子的能力发展造成阻碍。

小茉小的时候家人都说她是个聪明的孩子。

父母平时比较忙，她基本上是由奶奶陪伴着长大的。奶奶很早就开始给她听英文磨耳朵，刚刚3岁就开始教她背乘法表，还教她学各种运算。小茉在4岁的时候，就会做10以内的加减法了。

每次奶奶带小茉出去玩，都会跟大家炫耀，自己的孙女是小天才，特别聪明。

小茉自己也是这么认为的。小时候天天被夸聪明，她虽然不知道是什么意思，但也知道是夸她好的话，所以很开心。

后来，小茉上了小学，数学成绩依旧一路领先。

可是，好景不长，这种领先情况只持续到小学四年级，不知道为什么，小茉的数学成绩突然一落千丈。

这下可急坏了家里人，爸爸妈妈更是觉得不可思议，难道孩子脑子出问题了？还是学校的数学太难了？

多次跟老师沟通之后，小茉的成绩也没有提高，反而因为受挫开始讨厌数学。

其实，现实中类似的案例还有很多。孩子在幼年的时候，尚不具备抽象思维，如果强行植入脱离了具体数量的运算，孩子只能单纯依靠记忆学习。这种方式是没有办法建立起真正的数学思维的。

从小学三、四年级开始，数学内容会逐渐增加抽象的概念。如果孩子小时候没有建立起具象的数学思维，那么在这个时候就不能顺利转化成抽象概念。

换句话说，这不符合孩子的思维发展规律。

说到孩子的发展规律，不得不提著名发展心理学家让·皮亚杰。在近代心理学发展史上，他提出的认知发展理论被公认为20世纪发展心理学最权威的理论。

皮亚杰认为，儿童的发展受4个因素制约。

成熟：这里所说的成熟主要是身体方面，主要指中枢神经系统。大脑不成熟到一定阶段，孩子的心智是没有办法达到另一个阶段的。

经验：主要是指孩子通过一些活动操作和进行思考。通过这些活动，孩子可以获得一些经验，从而完成相应的心智发展。这说明孩子是通过实践活动学习的。

社会性作用：在一定的场景下，孩子通过跟小朋友一起交流，共同完成任务。

平衡：以上3个因素的平衡程度将影响孩子心智的构建。

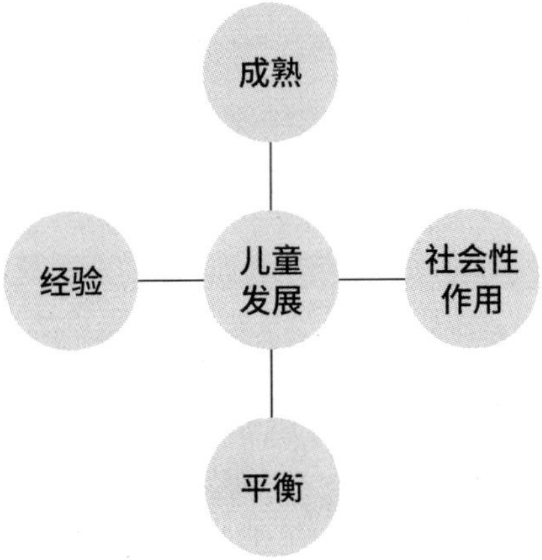

同时，皮亚杰认为孩子在不同的年龄阶段会达到不同的认知水平，他根据观察和实验，将其分为4个阶段。

1. 感知运动阶段

这个阶段（一般指刚出生至两岁）的儿童，主要通过感官认识世界。通过这一阶段，孩子将会从一个仅仅具有反射行为的个体，逐渐发展成为对其日常生活环境有初步了解的问题解决者。

孩子常常通过看、摸、咬等行为探索未知的领域和感兴趣的东西。很多人都听过的口欲期，就是发生在这个阶段。

这时候的孩子喜欢通过嘴尝试一切东西，这也是让很多家长头疼的一个时期，他们生怕孩子吃到什么不干净的东西。

其实，只要将孩子触及范围内的东西洗干净、危险的东西取走或者盖住，就可以大大降低孩子吃坏肚子等危险发生的概率，同时可以满足孩子用嘴认识世界的内在需求。

2. 前运算阶段

这个阶段（一般指两岁至七岁）的孩子，具有表象思维，主要有下面几个特点。

第一，泛灵论。这个阶段的孩子无法区别有生命和无生命的事物，所以常常能看到孩子跟小动物甚至桌子说话。

第二，自我中心主义。儿童缺乏观点采择能力，只从自己的观点看待世界，难以认识他人的观点。

这就是为什么有时候家长们会头疼。孩子怎么就不能为别人考虑一下呢？怎么就那么爱抢玩具？为什么不能分享给别人呢？其实，这很可能就是因为孩子处在前运算阶段。

第三，不能理顺整体和部分的关系。这个阶段的孩子可以把握整体，也能分辨两个不同的类别，但是，他们意识不到整体和部分的关系。皮亚杰称之为缺乏层级类概念（类似包含关系）。

第四，思维的不可逆性。思维的可逆性是指在头脑中进行的两种思维运算活动。一种是反演可逆性，即认识到改变了形状或方位还可以改变回原状或回到原位。例如把胶泥从球形变成香肠形。这个阶段的孩子多半会认为，香肠形比球形更大了，却认识不到香肠形还可以再变回球形。另一种是互反可逆性，即两个运算互为逆运算，如$A=B$，则反运算为$B=A$；$A>B$，则反运算为$B<A$。这个阶段的孩子难以完成这种运算，他们尚未具备反映这种事物之间变化关系的可逆运算能力。

第五，没有守恒观念。这个阶段的孩子，认识不到在事物的表面特征发生某些改变时，其本质特征并不会发生变化。例如，把一个橡皮泥圆球压扁，孩子会认为这两个是不同的东西。没有守恒观念是前运算阶段儿童的重要特征。

3. 具体运算阶段

在这个阶段（一般指七岁至十二岁），孩子的认知结构开始具有守恒性、脱离自我中心性和可逆性。皮亚杰认为，这个时期的心理操作着眼于抽象概念，属于运算性（逻辑性）的，但思维活动需要具体内容的支持。

换句话说，这个阶段的孩子，仍然需要借助具体的事物来进行思维和运算。而这个阶段刚好就在小学阶段。这也是我们不建议孩子过早地使用数学符号来进行计算，也不建议单纯地记忆运算公式的原因。孩子在这个阶段尚不能脱离具体事物而进行抽象运算。

4.形式运算阶段

在这个阶段（一般指十二岁以后），孩子的思维发展到抽象逻辑推理水平。主要有以下两个特点。

一是这个阶段的孩子的思维可以摆脱现实的影响，开始关注假设的命题，可以对一些命题做出逻辑和富有创造性的反应。

二是这个阶段的孩子已经可以进行假设——演绎推理。先提出各种解决问题的可能性，再逐一评价，寻求可能性中的现实性，寻找正确答案。

这说明孩子的逻辑思维已经有了很大的发展，可以进行抽象的推理。这个阶段的孩子已经处在小学高年级或升至初中的阶段，刚好是面临更多抽象知识学习的阶段。

当我们了解了孩子在不同的发展阶段会有哪些特征和表现，以及在这些阶段孩子的思维特点，很多生活中遇到的养育问题就可以迎刃而解了。

我们不必再纠结到底让孩子在6岁以前学会多少数字，也不用因为别的孩子会背诵乘法表而焦虑。一切不符合发展规律的培养方式，都等同于揠苗助长。对孩子来说，不仅没有好处，还可能阻碍本身的思维发展。

当然，我们不排除个别孩子能超前发育，但这绝不是普遍现象。

那我们如何判断自己的孩子是不是超前发育呢？这里给大家提供一个相对稳妥的做法：持续观察孩子的行为特征和思维特征，可以逐渐做一些具有小小挑战性的尝试。一切以孩子的兴趣为出发点，以不伤害孩子的兴趣和探索欲望为标准。

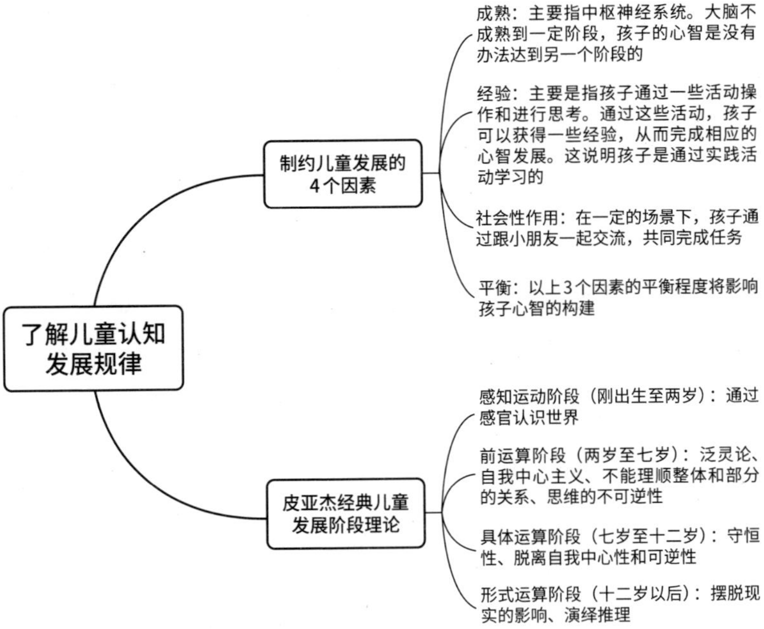

总结

孩子的认知发展大多符合一定的规律，这些规律不可跨越，也不会颠倒顺序。年龄范围只是一个参考值，有个别孩子确实存在超前发育的情况，但每位家长在用到自己孩子身上的时候，还是应该先持续观察，谨慎尝试。

认知发展阶段理论是每位家长都应该熟知的理论，它可以帮助我们避免很多不必要的焦虑，也可以作为启蒙教育的指导性原则。

不分享、不谦让就是情商低吗

“我儿子就是不愿意跟别的小朋友分享玩具。”

“我家孩子总是抢东西。”

“我跟老大说，要让着老二，可他就是不听。”

……

从孩子两三岁开始，家长可能就会不断地面临类似的问题。这种情况无疑会引发家长的焦虑。可如果这时候对孩子妄加评论，扣上一顶“自私”“情商低”的帽子，那孩子就太委屈了。

明明是孩子做得不对，怎么会说他们委屈呢？这是因为大多数父母对于孩子的各方面发展规律都缺乏了解。孩子在多大能够明白多少事情，家长常常要么是“跟着感觉走”，要么是“听之任之”，随孩子。

其实，孩子的道德发展也存在可遵循、可掌握的规律。他们并不是天生就具备社会交往所需要的各项能力的。这些都是随着他们不断成长，加之我们尽心地引导才能逐渐获得的。

增加一些对孩子发展规律的了解可以大大降低这方面的养育焦虑。不仅家长可以有的放矢，孩子也可以快乐而充实地成长。

航航和飞飞是兄弟，航航是哥哥，已经5岁了；飞飞是弟弟，2岁10个月。兄弟二人天天在一起，免不了会因为玩具、食物等事情发生小冲突。

航航力气大，个子也比弟弟高一头。每次两个人看上同一件东西的时候，哥哥总是可以轻而易举地先拿到。弟弟则常常因为这样气得大哭。

家里的姥姥、姥爷看到这样的情形，总会大声责骂航航，说他是哥哥，应该让着弟弟。

时间长了，航航非但没有让着弟弟，反而常常跟弟弟打闹。有一次航航气急了，说道："我为什么要当哥哥呀？如果没有弟弟，我就不用当哥哥了！我讨厌弟弟！"

妈妈听到了航航的话，吓了一跳。在跟姥姥、姥爷了解事情的原委后，妈妈跟航航说："航航，你跟弟弟喜欢同一个玩具，这很正常啊。这说明这件玩具实在太好玩了，大家都喜欢。没有弟弟也会有其他小朋友跟你喜欢相同的玩具，这没什么大不了。关键是，你们可能需要商量一个大家都能玩的方式，比如轮流玩或者一起玩。这样小朋友们才会都开心！”

航航想了想说：“那我要先玩，我不要给弟弟玩。”

妈妈拉着他的手，说：“你先玩还是弟弟先玩，不是妈妈说了算哦！你跟弟弟是兄弟，这件玩具是你们都喜欢的，对吗？”

航航点了点头。

“所以应该去跟弟弟商量，对吗？”

“哦，好吧，我去跟弟弟说。”说完，航航就转身去找弟弟商量了。

皮亚杰认为，儿童的道德发展是一个由他律（养育者协助形成的律己行为）逐步向自律、由客观责任感逐步向主观责任感转化的过程。

这正好也是我们想跟大家沟通的理念。孩子不会一天长大，是一个长期的过程，却也是一个撒播种子的过程。

培养孩子跟种植非常接近，想要植物长得好肯定不能揠苗助长。除了不能心急之外，还要注意培养方式，也就是养分。如果给它提供了不适合的养分，它的生长就会受到损伤。

那么，孩子的道德发展大致遵循一个什么样的规律呢？皮亚杰观察了孩子们的行为后，将儿童道德发展总结为以下几个阶段。

1. 自我中心阶段或前道德阶段

这个阶段（一般指2～5岁）的孩子缺乏按规则规范行为的自觉性，在亲子关系、同伴关系、价值判断等方面均表现出自我中心倾向。

也就是说，这个阶段的孩子会让人觉得非常调皮，自控能力相对较差，无法完全根据成人的规则去做事。我们总抱怨孩子不听话，规定不许做的事情反复说好多次都记不住，其实有可能是孩子正处在这个阶段。不是孩子不听话，而是还没有发展出相关的能力。

同时，想让孩子在这个阶段去体会别人的感受，对孩子来说可能是很困难的事情。这也是我们觉得孩子总是只考虑自己、很少顾及他人感受的一大原因。

2. 权威阶段或他律道德阶段

这个阶段（一般指6岁至七八岁）的孩子表现出对外在权威的绝对尊重和顺从，把权威确定的规则看作是绝对的、不可更改的，在评价自己和他人的行为时完全以权威的态度为依据。

通常在这个时候孩子已经升入小学，刚刚开始步入有正规化要求的学习生活。孩子对于老师的话常常看得比爸爸妈妈的话还重，这就意味着老师在这个阶段成了孩子的“重要他人”。并且老师的评价和影响会对孩子产生极大的作用。

3. 可逆性阶段或初步自律道德阶段

在这个阶段（一般指8～10岁），孩子的思维具有了守恒性和可逆性，他们已经不把规则看成是一成不变的东西，逐渐从他律转为自律。

这个时候的孩子通常处在小学中年级，对于规则和要求有了自己的认识。如果学习和生活习惯良好，那么家长就比较省心了，因为他们已经开始有自我管理的意识了，只不过可能还做不到完全自律。

如果习惯没有建立起来，家长可能就需要多费心了。这个时候正是过渡阶段，如果没有帮助孩子养成好习惯、培养自律的意识，那孩子在下一阶段就会遭遇更大的挑战。

4. 公正阶段或自律道德阶段

继可逆性阶段之后，在这个阶段（一般指10～12岁）的孩子，公正观念或正义感得到发展，道德观念将倾向于主持公正、平等。

大家也可以看到，这个阶段的孩子将为步入青春期做准备，生理和心理都会面临一个发展上的飞跃。常常会有家长觉得青春期就等于叛逆期。其实恰恰相反，这种感受可能正是源于孩子在追求一些他们心中认为应该有的“平等权利”。

孩子在道德形成的过程中，普遍遵循上面几个阶段的发展规律。道德就是社会大众普遍形成的一种价值体系，本身就需要在群体环境、社交环境中才能发挥作用。孩子对道德准则的理解，也应该在不断丰富的社交环境中逐渐形成。

所以，我们看到，孩子的道德发展的4个阶段正是随着年龄的增长，增加的社会活动场景促使其不断发展的。

这里大家需要注意的是，年龄不是一个绝对化的指标，但我们可以作为一个参考，对孩子的引导做到心中有方向。

此外，皮亚杰对于孩子的道德发展还有以下的研究结论。

儿童的道德发展既非天赋，也不是社会规则的直接内化。换言之，儿童的道德发展是人的自然天赋与相应的社会因素相互作用的结果。

儿童的道德发展不仅取决于他对道德知识的了解，还取决于儿童道德思维发展的程度。儿童道德思维的发展是一个自主的理性思维发展过程。儿童是自己道德观点的构造者。

儿童的道德发展是一个有明显阶段特点和顺序性的过程，与儿童逻辑思维的发展具有极大的相关性。

在前面的章节中我们曾说到，自我控制、与他人合作等能力，都依赖孩子自身的认知思维等各项能力的发展。这真正是一个静待花开的过程，急也急不来的。

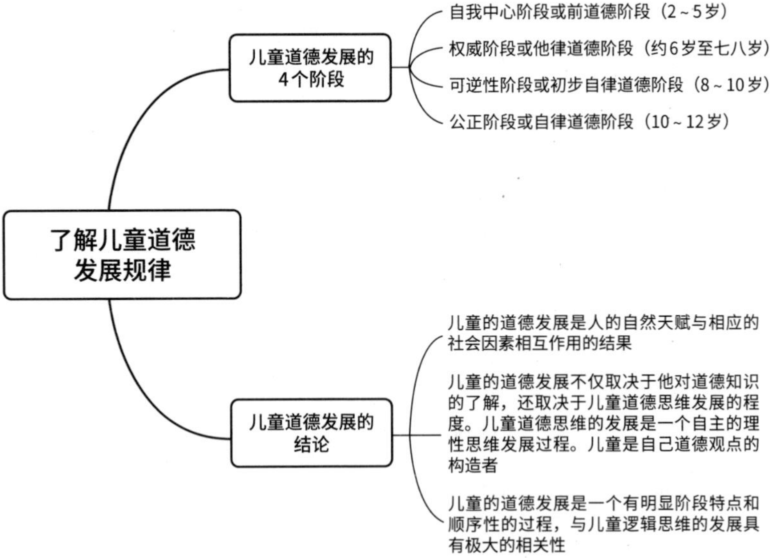

总结

孩子们的道德意识是在成长的过程中，随着社交环境的复杂和丰富而逐渐增加的。这是一个漫长的过程，同时会遵循一定的发展规律。我们在培养、帮助孩子提升情商的时候，要充分考虑发展的自然规律，不要揠苗助长，或者轻易给孩子贴上“不合群”“不分享”“自私”等标签。

掌握沟通艺术，三步搞定“熊孩子”

作为家长，可能越来越体会到，随着孩子成长，他们跟我们的话题越来越少，我们越来越难以走进孩子的世界。

孩子为什么越来越不想跟我们沟通了呢？

首先来看看，我们平时跟孩子沟通可能会存在的误区。

第一，有不少家长认为，跟孩子沟通，主要就是为了让孩子听话，沟通等于训话。

要在沟通中树立权威，孩子必须听父母的。一旦家长听了孩子的，家长就输给了孩子，那以后孩子就更不听话了。

其实，这种出发点明显违背了沟通的初衷，沟通建立的前提就是平等地交流。一味地想要树立权威，不仅不会对建立威信有帮助，反而会破坏父母在孩子心中的形象。

第二，家长常说“我是为你好”。在生活中，恐怕不少人是听着这句话长大的。一旦父母说出了这句话，仿佛我们再争论就是不孝顺。于是，心里再苦闷，也只能闭嘴不谈了。

然而，这样一来，虽减少了争执，却需要非常警惕。因为，长此以往不仅亲子关系会受到影响，还有可能改变孩子的心理状态和对于亲子关系的认知。

我们常常会将亲子关系称为联结。当我们跟孩子亲密无间的时候，联结非常紧密；当我们跟孩子沟通不畅，甚至根本不愿意沟通的时候，联结就发生了断裂。而联结的断裂，不仅会影响我们跟孩子之间的关系，还会影响我们对于亲情的看法以及人生观。

有一个8岁多的小朋友，从因为新冠疫情而在家上网课开始，就没有写过作业，至今已经持续了3个月左右。这位妈妈从好话好说，到惩罚，再到暴怒打骂，统统都试过了，可就是不管用。

这位妈妈进行心理咨询之前，孩子对她的暴怒基本上以一种嬉皮笑脸的方式回应。用她自己的话说，就是随时都有被气死的可能。

当进一步详细沟通时，心理咨询师发现，这位妈妈总是用命令的口吻让孩子做这做那。孩子不去做她便一次次地催促，最后演变成打骂收场。

这个妈妈说，孩子跟老师沟通的时候，每次都会答应老师写作业。但是她一看到孩子迟迟不动笔，在拖延，就气不打一处来。

可是她越催，孩子越不写，还总是嬉皮笑脸的。她气不过就会打孩子，结果就是孩子更加不去写作业了。

她一直认为，跟孩子沟通，就是要让他按照家长的命令或者要求去做事情。

这样的想法显然不是沟通的本意，所以毫不意外，不论是她苦口婆心还是恶语相向，不仅不管用，还导致了亲子关系的恶化。

经过咨询，这位妈妈发现，其实孩子的种种行为都源于她平时工作忙，很少静下心来踏踏实实地陪伴孩子。再加上她常常冲孩子发脾气，孩子觉得他在妈妈心中不如工作重要，就出现了种种不合作的行为。

由此可见，跟孩子沟通的时候，真的不能够一厢情愿，总是以家长内心的想法和目的为出发点，这样很可能就会忽视孩子内心的想法和需求。

下面我们就一起看看，跟孩子有效沟通的三步法。

1. 邀请，让孩子更爱跟你沟通

其实，通过上面的案例，大家应该有初步的体会了，只有让孩子说得更多，我们才能更加了解他们心里在想什么。而只有知道了他们在想什么，我们才能够更好地去帮助孩子成长和应对问题，进而逐渐培养孩子自己解决问题的能力。

所谓邀请法就是家长首先抛出一个邀请沟通的动作。我们可以在沟通的过程中对事实进行描述。这里要注意的是，我们的描述应该同时包含事件和孩子的情绪。

比如，当哥哥和弟弟打了起来，我们就可以这么说："妈妈看到你跟弟弟发生了一些争执，你看上去非常生气，甚至打了他，可以说说是怎么回事吗？"

这个时候最常见的情况就是家长比较激动。妈妈看到孩子打人了，第一反应很可能就是必须教训一下这个不听话的孩子。在这种情况下，要求家长首先要控制好自己的情绪，然后才是描述自己看到的情况。

孩子受到自身生长发育阶段的影响，并不能够像成年人一样很好地控制自己的情绪和行为。当他打人的时候，一定是遇到了什么事情引发了他的一些情绪，他没办法处理了，才会采取这种比较冲动的行为。

2. 积极倾听，简单回应

在沟通中，比说更重要的就是倾听了。在你做出了邀请，想要孩子跟你进一步交流之后，需要做的事情就是积极倾听。孩子跟你说的时候很可能是带着情绪的。

比如，打人的孩子当时说的是："他用手臂撞我，我就打他。"对于这个理由，一开始我们可能并不理解，因为我们不是孩子本人。一方面，孩子很可能当时带着情绪；另一方面，我们没办法快速了解孩子内心的深层次想法。为什么手臂碰到他，他就会生气，而且气到要打人。

所以，这一步最重要的就是，哪怕我们暂时不能理解孩子的想法，也要鼓励他说下去。这时候可以进行一些简单的回应：

"哦，是这样啊。"

"原来你是这样想的。"

"说说看，我很想知道你为什么这么想。"

……

可以用类似的话让孩子继续说下去，尽量不要掺杂我们的主观评价。

现实中，有些家长听孩子说了以后，立马就会跟一句："你有病吧，人家碰你怎么了？你是皇帝吗，还碰不得了？"孩子听到类似的讽刺和责备后，会产生什么样的感受呢？恐怕谁都不会舒服吧。可以预料，接下来必然会引发另一场本不应该发生的争吵。

积极倾听，不仅可以让孩子有机会澄清事实，还可以让孩子感觉到他的情绪被接纳和理解。虽然他采取了错误的表达方式，但他的情绪被我们接纳了。同时，采用这种客观事实的描述方式，没有掺杂任何主观的感受，是一种就事论事的方式。这种方式更容易让孩子从我们身上学到情绪处理的正确方式。

另外，家长要注意，我们可以通过眼神的交流等其他方式进行一些即时的反馈，告诉孩子，我在很认真地听你说。看都不看孩子，甚至边听边玩手机，孩子怎么会想继续说下去呢？

3.真诚表达，用“我”开头

很多时候，我们由于生活经验和认知水平与孩子不同，所以会产生跟孩子完全不同的看法，这是非常正常的。在这种情况下，作为家长，往往会无法避免地产生一些情绪，例如焦虑、担心、沮丧，甚至愤怒等。

这个时候，我们可以寻找一个合适的时机，在倾听告一段落的时候，诚实地表达自己的内心想法和情绪。在这里给大家介绍一个好方法，我们可以使用以“我”开头的语言来描述自己的感受。例如：

"我听到事情是这样的，感到很难过（或沮丧）。"

"我只是非常担心你。"

"我有点不开心，因为……"

这里要提醒大家注意的是，有些家长可能会控制不住自己，虽然用"我"开头，但是说出来的话仍然是指责甚至侮辱孩子的内容，比如，"我觉得你就是个笨蛋""我对你太失望了"。孩子听了这样的话以后会觉得自己失去了妈妈的爱和关注，是个没用的小孩，甚至产生自我怀疑，认为自己是一个多余的、不值得被爱的人。

所以，当我们感觉到伤心、失望、沮丧甚至愤怒的时候，我们可以说"我感到很失望"，而不是"我对你太失望了"。

这两句话有很大区别，第一句话表达的是自己的感受，而第二句话表达的是对孩子的指责。

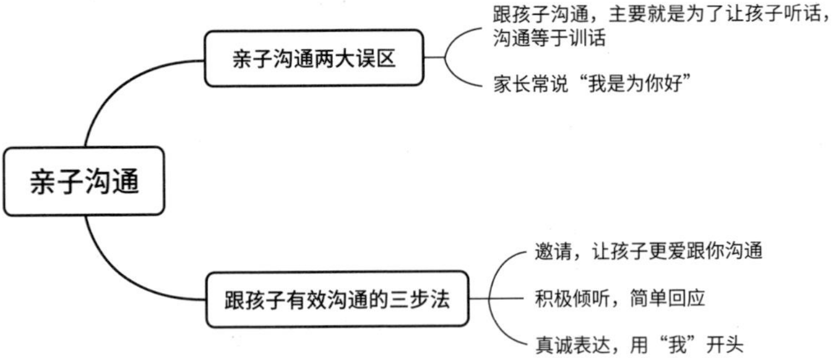

总结

跟孩子沟通时，要掌握方式方法。这一方面要求家长有一定的自我情绪管理能力，另一方面要求家长有一定的沟通能力。如果我们作为父母，总是冲孩子大喊大叫，或总是高高在上地发出命令，亲子沟通将不顺畅，甚至亲子联结会断裂。

游戏，孩子成长的催化剂

说到游戏，很多家长都以为不过是孩子消磨时光的东西，没有什么意义，就是图开心。其实，游戏对于孩子的成长可谓意义非凡。

回忆一下自己小时候，最爱的游戏就是扔沙包、跳皮筋、跳格子，男孩子们则是弹玻璃珠、滚铁环、拍洋片。一群孩子聚在一起，玩得汗流浃背、畅快淋漓。那段时间现在回忆起来都特别带劲。

不过，说到家庭游戏，不知道大家可以回想起来多少？我们跟爸爸妈妈在家里都玩过什么呢？

与跟小伙伴们玩游戏不同的是，跟爸爸妈妈玩，回忆起的感觉更多的是温馨、温暖。这段时光其实是孩子成长中特别珍贵的部分。

那么，游戏对孩子来说究竟意味着什么，又有什么作用呢？

自从小昊上了5年级，妈妈发现他越来越不爱说话了。下课回来，常常自己闷在房间。问他一些学校的事，他从来都不说。

妈妈隐隐觉得，他可能是在学校遇到了什么事，去跟老师沟通，老师却说一切正常。

妈妈觉得可能是孩子长大了，不再事事黏着妈妈了，也可能是孩子不像原来那样信任妈妈了，亲子关系疏远了。

一天，妈妈进行了养育学习，了解了游戏对孩子成长的作用，决定回家跟小昊玩一玩游戏，帮助孩子舒缓情绪，也希望能借此增进母子俩的感情。

当天，小昊回家后，母子俩在家玩了枕头大战。孩子格外高兴，又跳又叫，跟妈妈搂在一起哈哈大笑。

妈妈也很开心，觉得孩子跟她的感情更深了。在游戏结束的休息时间，小昊跟妈妈说，其实最近他在学校不太顺利，遇到了一个欺负他的坏孩子。

他想告诉老师，可是不知道怎么说，怕老师说他影响团结。他也想过告诉妈妈，可又觉得学校的事妈妈又能有什么办法呢？估计也没有用。

就这样陷入了两难之中，一直没有想好怎么办。

妈妈听了恍然大悟，心想：原来是这么回事。

后来，在妈妈的鼓励下，小昊单独跟老师沟通了一下。老师表示会帮助他，学校也会考虑处理这件事。

游戏对于孩子来说，绝不仅仅是消磨时间的工具，而是一种成长的催化剂。

首先，游戏是儿童大脑发育的必需品。游戏力的创始人劳伦斯·科恩曾说："大孩子将游戏定义为自己与朋友一起做的任何事情，而对学龄前儿童来说，游戏却是他们选择去做的任何事情。"

也就是说，游戏并不只是我们平时认为的，必须借助一些从外面买回来的叫作玩具的东西，才能叫作游戏。

科学研究表明，孩子在心情愉悦的时候大脑会分泌一种叫作脑源性神经营养因子（brain-derived neurotrophic factor, BDNF）的物质。BDNF充足会促进神经元生长与连接，以及脑内信息快速传送。而当BDNF缺乏的时候，大脑就会自行断绝跟外界的连接。

此外，大脑还会分泌一种由多巴胺、血清张素等组成的物质。它们可以带来愉悦和安全感，帮助孩子控制情绪，中断焦虑的神经回路，还可以激发孩子的好奇心。

当孩子在心情比较愉悦的情况下，对于新知识、新技能的吸收和掌握会相对容易。同时，当孩子进行游戏的时候，他们的大脑更加容易被激活。

如果你曾经认真观察过进行自主游戏的孩子，就会发现，孩子在自己玩的时候往往会投入很多热情，变得非常专注并且具有创造性。孩子的天赋和特长往往也藏在他们平时自主进行的游戏中。

其次，游戏是促进孩子心理健康的营养素。现实中，经常有小朋友在玩过家家。通常，我们会把这种类似过家家的游戏叫作角色扮演游戏。事实上，这种游戏对于孩子的能力要求非常高，假如他们要扮演爸爸妈妈，那么孩子需要平时对自己的父母经常观察，即在什么情况下他们怎么说话、怎么处理事情。

之后他们还需要假设自己处在一些情景之中，这不仅需要记忆力，还需要想象力和表达能力。如果看过孩子们玩过家家，就会发现他们总是能够把爸爸妈妈和宝宝的对话模仿得惟妙惟肖。

如果有多个小朋友，还存在彼此的角色安排和协作等问题，这着实不是一件容易的事。

而在这个过程中，他们很容易通过角色的代入和情景重演，帮助自己释放紧张、恐惧、失望、沮丧、惊慌或者愤怒等消极情绪。

例如，孩子在打完疫苗回到家里之后，会比较偏爱玩医生和病人的游戏，借此来释放经历过的恐惧。当然，这次必须是他自己来做这个医生才行。

最后，游戏是帮助孩子提高情商的法宝。我们传统的教育对于情绪、情感的表达普遍比较含蓄。如果缺乏这方面的教育和引导，结果往往就是，孩子有了负面情绪不会处理，只能从自己的父母身上学，他们是怎样的孩子就是怎样的。

孩子在未成年的阶段，大脑控制情绪的部分还没有发育完全，同时，他们对于语言的驾驭能力又不如成年人。这两点加在一起，造成他们很难用语言准确描述自己的情绪变化。

正所谓："语言到不了的地方，游戏可以。"

孩子们深知，在游戏中，可以跟大人开玩笑，即便有肢体冲撞，彼此也不会太在意。在这个过程中，孩子学会了如何分辨打闹和打架；如何控制自己的力道，不至于伤害到对方；当觉得有些过火的时候，怎么表达自己的想法。

这里特别推荐跟孩子玩打闹游戏。这种打闹游戏，不是非要有强烈的肢体冲撞，而是可以有一些冲撞，或有一些肢体接触。

下面来举几个例子。

剪刀石头布：家长和孩子相对而坐，两人中间放着充气锤（或玩具苍蝇拍）和一个小盆（能抵挡对方的打击即可）。两人玩游戏，赢的一方迅速拿起充气锤击打对方头部，输的一方迅速拿起小盆盖在头上抵挡打击。

靠垫大战：家长和孩子分别用靠垫攻击对方，对方可用靠垫防御。

脚丫大战：家长和孩子躺在床上（或地毯上，以保证安全为前提），抬起双脚，用脚丫攻击对方，对方可以用脚来防御。

你困不住我：家长用手圈住孩子，孩子用力挣脱，家长则不让孩子轻易挣脱（需注意安全）。

类似的游戏还有很多，大家可以发挥一下想象力，多多创造属于你和孩子的打闹游戏。

由此可见，跟孩子玩游戏确实是一件重要的事情，那陪孩子玩游戏有哪些注意事项呢？

1. 创造“特别时光”，让孩子体会“被关注”

现在有很多二孩家庭，在养育孩子的过程中，都会面临两个孩子对于父母之爱的争夺战。

要解决这个问题，不妨试试一对一游戏。由一位家长，空出一段时间单独陪伴一个孩子。这时候需要家人配合，陪伴另一个孩子，或者利用另一个孩子外出的时间来安排“特殊时光”。

时间不需要太久，20分钟、半小时都可以，关键在于让孩子体会到全然的关注。

这段时间，你不能看手机，也不能看电视、做饭，只能全身心地陪伴孩子玩耍。

2.跟孩子玩游戏的时候应全情投入

亲子游戏的一大特点就是双方全情投入才会有作用。所以，我们可以尝试让自己脱下成人的外衣，坐在孩子身边，也可以变得傻乎乎的，跟他们真的玩在一起。由此才能走进孩子的世界，孩子才能对我们更加信任，敞开心扉。

有些家长会弯下腰来询问孩子在做什么游戏，而有些会站着看，这两种方式其实都不如真正坐在孩子旁边。当你坐下来，孩子会瞬间感受到你跟他是“同一拨的”。

3.固定时长，规律进行

也许有些家长会困惑，自己家的孩子天生好动，玩起来没完。可是大人那么多事情，哪能一直陪着他们玩呢?

这时候就要注意了，在玩之前，我们可以先商定好游戏时间。结束的时候如果孩子仍然缠着你，那么你可以告诉他，明天仍然有游戏时间。只要规律进行，孩子就可以有预期，也就不会缠着你非要一直玩了。

4.具体玩什么，要由孩子做主

很多家长，都想要孩子按照他们的方式去换一个大人能玩的游戏。这种做法是不推荐的。

首先，打断孩子玩游戏，本身就是一种不尊重对方的行为，并且会破坏孩子的专注力。其次，孩子的游戏看似简单，实则背后也有深刻的意义。

比较好的方式是先观察他们在玩什么，然后想办法加入游戏。

例如，你可以说：

“宝宝，你在玩什么呢？”

“妈妈能不能跟你一起玩呢？”

这样就可以加入孩子的游戏啦！

当然，如果孩子这时候请你提供一些游戏点子，那表示他想听听你的意见。这时候不妨说说你想玩的游戏，孩子说不定就能和你达成一致了。

5. 尽量让孩子赢

在家庭游戏中，孩子面对的对手很可能是比他们高1米多、年长几十岁的成年人，这种背景决定了孩子在绝大多数游戏中处于劣势。

而在真实的环境中，同孩子竞争的人大部分是同龄的孩子，所以家长其实并不需要额外创造让孩子输的机会，反而要常常让孩子赢，让他们体会赢的感觉，从而树立自信。

那么，肯定会有家长说，也不能永远让他们赢吧，万一是扑克牌或者下棋这样的游戏呢？大家输赢的概率是差不多的呀！

针对这种情况，我们则要灵活地去处理输赢关系。刚开始的时候，孩子尚未掌握游戏规则，或者孩子年龄太小，认知、思维等各方面正在发展，那么我们可以适当放水，这种时候，兴趣才是最重要的。孩子体会到了赢的感觉，才会更加愿意参与进来。

随着孩子越来越大、思维越来越成熟、技能技巧越来越高超，我们可以慢慢变成一个增加难度之后的对手，让孩子偶尔体会到输，同时也要尽力与他们竞技，而非完全放水。这个时候他们会更加有成就感，也会慢慢去总结如何提高自己的能力和水平。

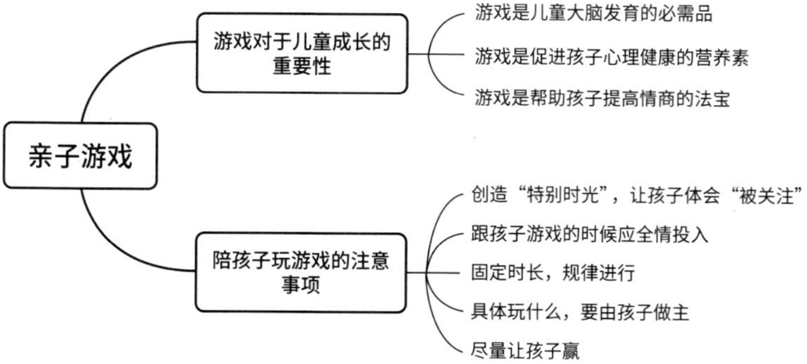

总结

孩子总是自然地在游戏中成长，在游戏中学习。游戏不仅会让孩子心情愉快，而且能帮助他们提升想象、表达、团结协作等多种能力。经常跟孩子玩游戏，不仅可以帮助孩子释放情绪，而且可以帮助孩子形成积极乐观的性格。而这样的孩子长大了以后，往往也比较容易获得欢迎和认可。